Andreas Förster

# Maulwürfe in Nadelstreifen

## Wirtschaftsspionage – der neue Job der Geheimdienste

Andreas Förster

# Maulwürfe in Nadelstreifen

## Wirtschaftsspionage – Der neue Job der Geheimdienste

Henschel Verlag

Die Deutsche Bibliothek – CIP-Einheitsaufnahme
**Förster, Andreas**
Maulwürfe in Nadelstreifen, Wirtschaftsspionage – der neue Job der Geheimdienste/Andreas Förster. Mit einem Vorwort von Erich Schmidt-Eenboom – Berlin: Henschel Verlag, 1997
ISBN 3-89487-287-X

ISBN 3-89487-287-X

Schutzumschlaggestaltung: Morian & Bayer-Eynck, Coesfeld
Foto auf dem Schutzumschlag: BAVARIA BILDAGENTUR GmbH, TCL
Satzherstellung und Gestaltung: MS *PROMPT* – Redaktionsbüro, Berlin
Druck und Binden: Wiener Verlag, Himberg
Printed in Austria
Gedruckt auf alterungsbeständigem Papier mit chlorfrei gebleichtem Zellstoff

# Inhalt

Vorwort ........ 8

Einleitung ........ 17

Deutschland - Eine geheimdienstfreie Zone? ........ 21
Zaghaftes Umdenken · Hinter vorgehaltener Hand

Die russischen Dienste - Für Volk und Vaterland ........ 29
Tummelplatz der Agenten · Am liebsten gleich die ganze Mappe · Augen und Ohren des Präsidenten · Moskauer Machtspiele · Hilfe aus den USA · Der neue Job der KGB-Pensionäre · Königsberger Service · Zahlenkolonnen und tote Briefkästen · Überläufer im KGB-Auftrag? · Werthebachs Mißgriff

Die US-Dienste – Economic warfare ........ 69
Auf der Suche nach neuen Konzepten · Zielscheibe US-Wirtschaft · Clearingstelle NCIC · Bizarre Konfrontation · Operation „Aquarium" · Die „Golfbälle" der NSA · Jagd auf Schmiergeldzahler · Die BUSINTEL-Brücke · Parvus weltweit · Der neue Typ des Firmenberaters

Frankreich - Angriff aus Fort Noissy ........ 101
Konzerne helfen mit · Graue Eminenzen

Deutschland - Diskretion Ehrensache ..................... 107
Die Angst vor einem neuen Rabta · Deutsche Wirtschaft über alles · Mit COMPINT gegen Sinnkrise · Vorträge und Kamingespräche · Nützliche Verbindungen

Kleine Länder, ganz groß ..................... 127
Teppichhändler und Spione · Waffenbrüder · Intakte Beschaffernetze · Israels Dienste – klein aber effektiv · Des Tennos Späher · Alte Seilschaften

Eingangstor Computer – Datenklau und Hackerkrieg .. 144
Besuch im Air Force-Netz · High-Tech mit Fenster · Unliebsame Schlüssel · Das „Boris Projekt“

Einen absoluten Schutz gibt es nicht ..................... 167
Maßgeschneiderte Sicherheitskonzepte · Zugriff per Telefon

Ausblick ..................... 176

Anmerkungen und Quellen ..................... 178

Die wichtigsten Dienste auf einen Blick ..................... 190

Wichtige Ansprechpartner ..................... 199

Register ..................... 201
Sach- und Ortsregister · Personenregister

Die amerikanischen Geheimdienste sollen auf aggressive Spionage aggressiv reagieren.

*Bill Clinton, Präsident der USA*

Die russischen Geheimdienste sollen Wirtschaftsspionage betreiben, um den technologischen Rückstand zum Westen aufzuholen.

*Boris Jelzin, Präsident von Rußland*

Selbstverständlich betreibt die DGSE Wirtschaftsspionage im Ausland, um damit staatlichen französischen Konzernen Vorteile zu verschaffen.

*Claude Silberzahn, ehemaliger Direktor des französischen Auslands-Nachrichtendienstes DGSE*

Der Vorwurf, der Bundesnachrichtendienst treibe Wirtschaftsspionage, ist absurd.

*Bernd Schmidbauer, Geheimdienstkoordinator im Bundeskanzleramt*

# Vorwort

„Bedrohung ohne Beispiel" überschrieb die Süddeutsche Zeitung im Juni 1996 ihren Artikel zum Verfassungsschutzbericht des Landes Berlin, in dem LfV-Präsident Eduard Vermander das „Gespenst der Wirtschaftsspionage" an die Wand gemalt hatte. Und der beispiellose, weil nur mit magerem empirischen Beiwerk unterfütterte, Report schien den Journalisten den Verdacht wert, die Geheimdienstler würden an dieser Bedrohung feilen, um auch nach dem Kalten Kriege Budget und Personalstärke legitimieren zu können – jenem ehernen Gesetz folgend, dem zufolge auch bestimmte Raketenlücken nur Raketenlieferanten ersichtlich waren.

Immer häufiger werden über den internationalen Nachrichtenmarkt Fälle staatlich gelenkter Ausspähung ökonomischer Machtbasen publiziert. Dem gestiegenen Medieninteresse entgehen gelegentlich auch „Bagatelldelikte" nicht und überdies ist in Deutschland der Journalismus aufgeschlossener gegenüber jener Propaganda geworden, in der Politiker der zweiten Reihe jeweils fremde Staaten auf die Anklagebank setzen, jeden Verdacht analoger Verbrechen der eigenen Dienste aber kategorisch ausschließen. Das Urteil der Medien gegenüber den generalisierenden Analysen aber bleibt gespalten. Manche Kommentatoren sehen in ihnen Kassandrarufe sachkundiger Frühwarner, andere eher den Fehlalarm engstirniger Fachidioten.

Dem vorliegenden Buch von Andreas Förster kommt zunächst einmal das Verdienst zu, greifbarer als es die mit der Abwehr von Wirtschaftsspionage befaßten Behörden zu tun belieben, aus einer weltweit recherchierten Summe von Einzelfällen heraus den Beweis anzutreten, daß es nicht um ein Gespenst, sondern um eine gespenstische Wirklichkeit geht. Doch auch diese Synopse der von Regierungsorganisationen begangenen Straftaten – und um nichts weniger handelt es sich dabei – zeigt nur die Spitze des Eisbergs – wohl wissend, daß an diesem Polarkreis des Weltfriedens mehr als sechs Siebtel unter der Oberfläche bleiben.

Diese hohe Dunkelziffer erklärt noch nicht ausreichend das zitierte Kriegsgeschrei in diesem „Zweiten Kalten Krieg", mit dem Regierungsoberhäupter in West und Ost die Dienste ermutigen, ihre Nützlichkeit für den Staat immer neu unter Beweis zu stellen durch unerlaubte Einblicke in ausländische Forschungen, durch Operationen zugunsten heimischer Unternehmen im weltweiten Wettbewerb und global durch systematische Aufklärung wirtschaftlich bezogener Telekommunikation.

Deutlicher wird das Ausmaß dieser Regierungskriminalität durch den Umfang des eingesetzten Personals und der investierten Staatsmittel. Von den Kapazitäten der nachrichtendienstlichen Divisionen und Armeen sind im Durchschnitt aller Dienste – mit Schwankungsbreiten zwischen zwanzig und achtzig Prozent – etwa ein Drittel mit der Wirtschaftsaufklärung befaßt, mit systematischer Analyse von Bilanzen ebenso wie mit der Infiltration von Unternehmen in Drittländern. Und dies bedeutet in der Summe, daß weltweit fast eine halbe Million Männer und Frauen im Dienste staatlicher

Wirtschaftsaufklärung stehen, fünf Prozent von ihnen unmittelbar an der geheimen Front.

Insofern ist die detaillierte Beschreibung der geheimen Behörden, die Andreas Förster für die großen Dienste leistet, notwendig, weil sich nur so eine verläßliche Einschätzung von Ausmaß und Stoßkraft der Wirtschaftsspionage vornehmen läßt. Um ihr volles Gewicht im Kampf um Märkte, Know-how und Patente ermessen zu können, war auch die Aufhellung jener Grauzone geboten, in der halbstaatliche oder nur scheinbar von den Geheimdiensten ihres Landes unabhängige Sicherheitsunternehmen agieren.

Nicht aus den Augen verlieren darf man bei allem Eigeninteresse der Nachrichtendienste an einem öffentlich akzeptierten Beitrag zur Prosperität ihres Dienstherrn, daß es in der Regel nicht einmal mittelbar über Ministerien, sondern unmittelbar an Staatschefs gebundene Behörden sind, die an einem geheimen, aber umso direkteren Weisungsstrang hängen. Sie mögen ihre Spielräume haben, aber weitgehend nur in jenen Grenzen, die ihnen regierungsamtliche Vorgaben setzen. Was aber treibt nahezu alle Staatschefs, ihren Nachrichtendiensten einen modernen Kaperbrief auszustellen und dabei das Risiko internationaler Verwicklungen im Falle einer Entdeckung einzugehen? Nur vordergründig ist es die Bipolarität in diesem System wechselseitiger Attacken, das noch kein Krieg ist, allenfalls eine Schlacht, wenn bestimmte Rivalen an derselben Front regelmäßig aufeinandertreffen. Mit einem gewissen Recht fühlen sich alle in die Weltwirtschaft einbezogenen Nationen als Opfer, weil Unternehmen ihres Hoheitsgebiets regelmäßig durch die unfaire Informationsbeschaffung oder andere „dirty tricks“ ökonomischer Gegenspieler und ihrer Regierungen spürbare Nachteile erleiden. Und diese Opferrolle beseitigt vielfach die Bedenken, Gleiches mit Gleichem zu vergelten und in die Täterrolle zu schlüpfen.

Die wechselseitigen Übergriffe könnten durch internationale Vereinbarungen – bi- und multinationale Verträge oder sogar völkerrechtliche Vorstöße – aus der internationalen Politik verbannt oder mindestens eingehegt werden. Doch zu solchen Abrüstungsverhandlungen im Wirtschaftskrieg sind ernsthafte Anläufe nicht zu verzeichnen, auch wenn der sozialdemokratische Bundestagsabgeordnete Ernst Schwanhold 1996 forderte, das Thema Wirtschaftsspionage unter befreundeten Staaten auf die Tagesordnung eines G7-Gipfels zu setzen. Auf dem politischen Parkett findet allenfalls phasenweise eine Schadensbegrenzung statt, wie sie im amerikanisch-französischen Duell gelegentlich Platz griff, aber nur um von neuen Offensiven der einen oder anderen Seite abgelöst zu werden.

Den Hintergrund nämlich für den nach dem Ende des Kalten Krieges dramatisch verschärften Kampf um wirtschaftliche Vorteile mit Unterstützung der in Geheimdiensten institutionalisierten Hinterlist gibt jene neue multipolare Welt ab, in der frei von den Fesseln der Blockkonfrontation vitale Interessenunterschiede virulent werden. Wirtschaftsspionage durch staatliche Organisationen ist nur ein, wenn auch ein bedeutender Vektor im internationalen Koordinatensystem eines Kalten Friedens. Die Ausübung machtvoller Außenpolitik, mindestens aber die Wahrung eigener Interessen, fußt weniger denn je auf militärischen Potentialen, sondern basiert mehr auf der ökonomischen Durchdringung eines Zielgebiets bzw. auf der Selbstbehauptung des eigenen Wirtschaftsraums. Und diejenigen Staaten, die im Besitz großer und technisch optimal ausgestatteter Geheimdienstapparate sind, verzichten nicht auf das Faustrecht, weil im freien Spiel der Kräfte allemal der Kräftigere obsiegt. Unterstützung finden sie für die Duldung der Dunkeldimension internationalen Wettbewerbs selbst bei jenen kleinen Nationen, die sich, obwohl kleine

Staaten wie Israel oder Schweden, auf dem Sektor der Spionage beachtliche Vorsprünge vor anderen Ländern erarbeitet haben.

Von Auslandsnachrichtendiensten praktizierte oder begünstigte aggressive Außenwirtschaftspolitik wird auch künftig in weiten Teilen das globale Geschäftsleben bestimmen: Punktuell da, wo beispielsweise die Frage virulent ist, ob der französische TGV oder der deutsche ICE zur künftigen Generation spanischer Fernschnellzüge wird. Regional dort, wo beispielsweise pakistanische und saudische, amerikanische und britische Auslandsnachrichtendienste ab 1994 mit der Forcierung der Taleban-Milizen wieder Öl ins Feuer des afghanischen Bürgerkriegs gossen, um Routen für Pipelines und Fracht-Konvois aus den zentralasiatischen Republiken durch das Land am Hindukusch nach Pakistan und dessen Häfen am arabischen Golf freizumachen.

Zu den stärksten Argumenten, die Kritiker gegen diesen ausufernden Wettbewerb geltend machen, zählt die Gefahr einer Eskalation, eine Spirale der verborgenen Gewalt, die selbst auf den Feldern notwendiger globaler Kooperation erheblichen Flurschaden angerichtet hat. Doch ihre Einwände verhallen bisher ebenso wie die seinerzeit gegen die Rüstungsspiralen des Kalten Krieges gerichteten. Insgesamt wächst der Trend, Nachrichtendienste als Hilfstruppen von Wirtschaftsinteressen einzusetzen. Die dabei angewendeten Methoden werden immer subtiler. Der wissenschaftlich geschulte High-Tech-Agent im besagten Nadelstreifen gehört ebenso ins Arsenal wie die jeweils neuesten technischen Errungenschaften zum Mitschneiden und Auswerten aller Telekommunikation.

Die Kriminalgeschichte des Kapitalismus wird dort um einige neuere Kapitel ergänzt, wo die Geheimdienste der osteuropäischen Reformdemokratien und Rußlands ihre berüchtigte Professionalität – jetzt mehr noch als vor dem Fall der Mauern in Europa – in den Dienst der ökonomischen Aufholjagd stellen. Und der neue kapitalistische Mantel dieser Dienste paßt nicht nur besser zum Auftrag. Die neue Flexibilität der Unternehmen, die von geheimen Beutezügen profitieren sollen, erlaubt auch weit besser als die Planwirtschaft vergangener Jahrzehnte die Integration gestohlener Technologien in die eigene Produktpalette. Die Symbiose der gewandelten KGB-Strukturen mit den alten, neuen Eliten in Jelzins Reich hat Andreas Förster in der Bundesrepublik wohl erstmals in dieser Breite und Tiefe dargestellt.

Embargo-Beschaffung, früher Domäne dieser östlichen Geheimdienste, ist heute Schwerpunktaufgabe der NATO-Feinde an der Südflanke des noch allein westlichen Bündnisses. Die Geheimdienste der – vornehmlich islamischen – Staaten, die den Besitz von Massenvernichtungsmitteln für begehrenswert halten, sind zunehmend in diese Rolle geschlüpft. Ihre Regierungen haben die Wertvorstellung der Groß- und Mittelmächte kopiert, die ihre dominierende Rolle im Weltgeschehen auf nukleare Massenvernichtungsmittel gestützt sehen. Wenigstens möchten diese Staaten durch die Verfügungsgewalt über chemische oder biologische Ausrottungskapazitäten eine greifbare Gefahr darstellen und damit im Spiel der Mächte ein ernstzunehmender Mitspieler sein. Das Beispiel des zwangsabgerüsteten Irak hat andere arabische Staaten oder auch Nord-Korea offensichtlich nicht hinreichend desillusioniert, um auf den Aufbau solcher Beschaffungslinien zu verzichten, die oft genug in der Bundesrepublik enden.

Bei einer Rasterfahndung ausländischer Dienste nach lohnender Spitzentechnologie oder abjagbaren Exportchancen gerät der Exportweltmeister Deutschland automatisch ins Schußfeld. Allein von 1994 bis 1996 hat sich die Anzahl der Spionagefälle gegen deutsche Unternehmen verdoppelt und das Bundeskriminalamt sah Ende 1996 ein weiteres Anwachsen der Industriespionage bis zum Jahre 2000 um etwa 30 Prozent voraus. Beide Analysen addieren private Konkurrenzspionage und die Aktivitäten der Geheimdienste, deren Gefährlichkeit sich die Waage hält, wenn man als Maßstab die jährliche Schadenssumme heranzieht, die der Frankfurter Sicherheitsexperte Klaus-Dieter Matschke auf jeweils rund 18 Milliarden DM beziffert.

Eine „Unverfrorenheit erster Klasse" nannte Manfred Kanther 1995 die Tatsache, daß selbst Staaten, die von Deutschland unterstützt werden, in der Bundesrepublik Wirtschaftsspionage betreiben. Bei diesem Hieb in Richtung Osten übersah der Bundesinnenminister wieder geflissentlich, daß in dem frostigen Weltklima die politisch verbündeten Staaten die weitaus gefährlicheren Gegner sind. Nur in vertraulichen Zirkeln der Verfassungsschützer wird beklagt, daß es häufig genug die Partnerdienste im Westen sind, die hinter den Angriffen auf den wirtschaftlichen Erfolg deutscher Unternehmen oder die Außenwirtschaftspolitik der Bundesregierung stecken. Diese Einäugigkeit behindert seit Jahren den klaren Blick für die Dimension, die der Wirtschaftskrieg zwischen den führenden kapitalistischen Staaten angenommen hat. Die Bevölkerung, in solchen Spezialfragen eher abstinent, macht ausweislich einer vom Frankfurter Sicherheitsunternehmen KDM bei FORSA in Auftrag gegebenen Umfrage zwar noch immer internationale Banden mit 53 Prozent sowie Scientologen und russische Dienste mit je 43 Prozent für die Geheimdienstattacken verantwortlich, aber bereits 29 Prozent der Befragten reihten 1996 die USA und immerhin 16 Prozent den französischen Auslandsnachrichtendienst in den Täterkreis ein.

Das systematische Herunterspielen der Bedrohung mag auch darin begründet sein, daß in der Bundesrepublik im Zielkonflikt zwischen funktionierender Spionageabwehr und unbegrenzten Zugriffsmöglichkeiten der eigenen Dienste auf jede Form der Telekommunikation der Angriffsfähigkeit deutlicher Vorrang vor der Verteidigung betrieblicher oder staatlicher Geheimnisse eingeräumt wird. Zwar gibt es längst Kryptoverfahren, die dem ungebetenen Lauscher in der Leitung die Möglichkeit zum Aufklären verwehren, ihr Einsatz aber wird staatlicherseits nicht etwa gefördert, sondern droht, im kommenden Kryptogesetz explizit verboten zu werden. Verschlüsselungstechnologie darf nur nutzen, wer sie den Geheimdiensten zugänglich macht, anderenfalls – so die Bonner Gesetzesvorlage – macht er sich strafbar.

Diejenigen, die Unternehmen und Privatleuten den Gebrauch eines Schutzschilds verweigern wollen, verweisen auf die notwendige Bekämpfung der Organisierten Kriminalität, die Überwachung von Drogen- und Waffenhandel sowie der Geldwäsche. Und dies erlaubt immerhin, die Gegner grenzenloser Überwachung in die Nähe von Komplizen mafiotischer Strukturen zu rücken. Natürlich glaubt kein ernsthafter Ermittler, daß straff organisierte Imperien des Verbrechens zwar bei der Tatdurchführung hohe Intelligenz an den Tag legen, bei der Planung, Durchführung oder Nachbereitung eines Verbrechens aber sorglos am Telefon darüber plaudern. Deshalb weckt das Beharren auf dem Zugriff zu Verschlüsselungstechnologien in Unternehmen den Verdacht, daß unter der Legende, verbotene Geschäfte aufzuspüren, zugleich alle legalen unter die Lupe genommen werden sollen: Wirtschaftsspionage unter der Tarnkappe der Verbrechensbekämpfung.

Der Standort Deutschland ist von der kriminellen Energie konkurrierender Wirtschaftsnationen in besonderer Weise bedroht, wenn außenwirtschaftlicher Erfolg nicht etwa von der Qualität oder dem Preis-Leistungsverhältnis bestimmt wird, nicht einmal von begleitenden Interventionen der Regierung abhängt, sondern nachrichtendienstliche Kommandounternehmen den Ausschlag für ökonomischen Erfolg oder Mißerfolg geben. Bisher ist die Industrie trotz erlittener Einbußen einiger Unternehmen nicht hinreichend sensibel und vernachlässigt den notwendigen, weil auf den ersten Blick zu kostenträchtigen Schutz.

Die FORSA-Umfrage der KDM-Sicherheitsconsulting in Frankfurt hat 1996 erhellt, daß die Bürgerinnen und Bürger die Zeichen der Zeit besser verstanden haben: 86 Prozent aller Befragten wollen Industriespionage als schweres Vergehen, nicht mehr als bloße Ordnungswidrigkeit gesühnt sehen. Bleibt zu hoffen, daß auch auf der politischen Bühne die Bereitschaft wächst, der fortgesetzten Verletzung eines fairen Umgangs der Staaten untereinander nicht mehr länger nahezu tatenlos zuzusehen, sondern wirkungsvolle Maßnahmen gegen die Wirtschaftsspionage in allen ihren Spielarten zu ergreifen. Wenn dieses Buch dazu beiträgt, einer breiten Öffentlichkeit die Augen für die Notwendigkeit zu öffnen, die internationalen Spielregeln im Wirtschaftswettbewerb zu ändern, dann hat es über seinen Unterhaltungswert als authentische Kriminal-Geschichte hinaus einen wichtigen Zweck erfüllt. Man muß es ihm wünschen.

Weilheim, im Juni 1997
Erich Schmidt-Eenboom

# Einleitung

Für ein Kopfschütteln im Sommerloch 1996 sorgten zwei Bundestagsabgeordnete von CDU und SPD, als sie ein internationales Verbot der Wirtschaftsspionage verlangten. Friedhelm Ost, Vorsitzender des Wirtschaftsausschusses im deutschen Parlament, und sein Stellvertreter Ernst Schwanhold forderten eine Selbstverpflichtung befreundeter westlicher Staaten, sich nicht gegenseitig auszuspähen. Zudem sollten die westlichen Industrienationen einen Weg finden, um die von Ländern wie Rußland und China betriebene Industriespionage zu verhindern. „Freunde und Partner", so moralisierte CDU-Politker Ost, „spionieren sich nicht aus, das schafft nur Mißtrauen."[1]

Dem blauäugigen Vorstoß der beiden Bundestagsabgeordneten dürfte kaum ein Erfolg beschieden sein. Längst tobt auf den geräumten Schlachtfeldern des Kalten Kriegs eine neue Auseinandersetzung: Ging es vor 1989 um militärische Überlegenheit und politische Vorherrschaft, ringen die Spione von heute um Weltmarktanteile und Technologievorsprung der heimischen Wirtschaft. Die „economic warfare", die wirtschaftliche Kriegsführung, bestimmt die nach dem Wegfall des Eisernen Vorhangs notwendig gewordene Umstrukturierung der internationalen Geheimdienste. Oder wie Tom Polgar, früherer CIA-Resident in Deutschland, rhetorisch fragte: „Warum sollten wir die Kämpfer des Kalten Krieges nicht zu produktiveren Zwecken einsetzen? Verläßliche Informationen sind ebenso die Basis guter Regierungsarbeit wie guter unternehmerischer Tätigkeit.“[2]

Die „economic warfare“ hat die klassische und im Vergleich weniger gefährliche „Konkurrenzspionage“ zwischen Firmen und Konzernen verdrängt. Die „Konkurrenzspione“ gab es schon immer. Ob der eine Cola-Konzern nun ausforschte, welche Werbestrategie der andere Getränke-Multi plant; ob das eine Auto-Unternehmen sich geheime Blaupausen vom neuen Kleinwagenmodell des anderen beschaffte; oder ob sich ein Nachrichtenmagazin das geplante Titelthema der Konkurrenz zuspielen ließ, um entsprechend gegenhalten zu können – mit diesen „Kunstgriffen“ unter Konkurrenten hat es jede Branche überall auf der Welt zu tun.

Die neue Qualität der Industriespionage heute aber macht die von Geheimdiensten professionell betriebene Ausforschung nationaler Wirtschaften und ihrer wichtigsten Unternehmen aus. Bieten bei der „normalen“ Konkurrenzspionage ein funktionsfähiger Sicherheitsdienst im Unternehmen und ausgeklügelte Sicherheitsmaßnahmen einen gewissen Schutz, sind Firmen den Profis der internationalen „Horch und Guck“- Szene fast wehrlos ausgeliefert. Da werden Satelliten angezapft, Datensysteme geplündert, Computer „belauscht“, Manager gekauft und kompromittierende Geheimdienstakten eingesetzt. Es ist ein Krieg, der lautlos verläuft und bei dem man die eigenen Verluste und schwerwiegenden Folgen oft erst nach Jahren feststellen kann.

In einem 1995 veröffentlichten Bericht des amerikanischen National Counterintelligence Center (NCIC) an den US-Kongreß über jene Länder, deren Nachrichtendienste sich in jüngerer Vergangenheit auf „economic warfare“ gegen die USA spezialisiert haben, erscheinen an ersten Positionen Rußland, China und die Länder des ehemaligen Ostblocks sowie Frankreich, Deutschland und Großbritannien. Hinzu kommen Israel und Japan sowie solche Länder wie Kanada, Indien, Pakistan, Südkorea, Taiwan, Singapur, Mexico, Ägypten und Hongkong, die nach NCIC-Einschätzung eine eher „weniger aggressive“ Vorgehensweise an den Tag legen.[3]

Auch wenn der Bericht die Welt der Wirtschaftsspionage lediglich aus USA-Sicht widerspiegelt, gehören die meisten der genannten Länder – ergänzt um Iran und Irak – auch in Europa zu den eifrigsten Anwendern der „economic warfare“. Ganz vorn rangieren dabei allerdings die Geheimdienste eines Staates, der im NCIC-Bericht naturgemäß fehlte – jene der USA.

Besonders spürbar halten sich die Geheimdienste einiger früherer Ostblockländer bei der Wirtschaftsspionage zurück. Vor allem Polen, Tschechien und Ungarn sind darauf bedacht, das gute Verhältnis speziell zu den westeuropäischen Nachbarn nicht aufs Spiel zu setzen. Schließlich wollen die drei Staaten so schnell wie möglich Mitglieder der EU und der NATO werden – jeder „Störfall“ durch enttarnte Spione ist da unwillkommen.

In der Zielrichtung der von den genannten Geheimdiensten gesteuerten Wirtschaftsspionage gibt es grundlegende Unterschiede. Da ist zum einen die Gruppe der hochentwickelten westlichen Industrienationen. Bei ihnen dient die Spionage dem Ziel, der eigenen Wirtschaft bessere Absatzchancen zu sichern, indem man die internationale Konkurrenz gezielt ausforscht, bei Vertragsverhandlungen die Positionen der anderen Seite vorab beschafft, technologische Weiterentwicklungen stiehlt und Allianzen zwischen Unternehmen aufspürt und zerschlägt.

Dann gibt es die Gruppe der früheren Ostblockstaaten mit Rußland an der Spitze, deren Strategie hauptsächlich darauf gerichtet ist, den Anschluß an das internationale technologische Spitzenniveau innerhalb kurzer Zeit herzustellen. Dabei sollen Entwicklungskosten und -zeit gespart werden, damit möglichst schnell die nationale Wirtschaft gestärkt und eine allzu großen Abhängigkeit von den westlichen Staaten verhindert werden kann.

Beim Technologieklau können die östlichen Dienste oftmals auf schon vorhandene Strukturen zurückgreifen, denn die illegale Beschaffung von Hochtechnologie, die bis 1990 den Beschränkungen der CoCom[4] unterlag, war eine vorrangige Aufgabe der Ost-Geheimdienste, die dazu ein entsprechendes Händlernetz im Westen aufgebaut hatten.

Als dritte Gruppe schließlich gelten die sogenannten Schwellenländer, deren Spionagetätigkeit nach Überzeugung westlicher Dienste vorrangig auf die Proliferation gerichtet ist, auf die Weiterverbreitung von Massenvernichtungswaffen und der dazugehörigen Trägersysteme. Länder wie Iran, Irak, Indien, Pakistan, Libyen und Syrien setzen die Wirtschaftsspione ihrer Geheimdienste ein, um Lieferlinien aufzubauen, über die sogenannte dual-use-Güter, also Technologien, die sowohl zivil als auch militärisch genutzt werden können, ins Land geholt werden.

# Deutschland - Eine geheimdienstfreie Zone?

In den Vereinigten Staaten gibt es gar keine Diskussion darüber, ob es einen Unterschied macht, Wirtschaftsspionage gegen Verbündete oder Nicht-Verbündete zu betreiben. Man tut es ganz einfach. Mehrere TV-Berichte im ZDF und in der ARD haben diesen Sachverhalt aufgegriffen, allerdings bleibt trotz gründlicher Recherche vieles im Dunkeln.

Schon im Juli 1990 bereitete die US-Zeitschrift „American Interests“ ihre Leser auf das Kommende vor: „Es ist Januar 1991. Leitende Angestellte einer ausländischen Elektronikfirma halten eine Telefonkonferenz ab und erörtern Marktstrategien für die Einführung einer neuen Mikrochip-Generation. Das Thema gilt als top secret, aber im Weltall zeichnet ein US-Abhörsatellit die Gespräche auf. Innerhalb von Tagen crhält cin amerikanischer Konkurrent der abgehörten Firma einen Bericht.“

Ein wenig länger mußten die Amerikaner dann aber doch warten, um vom Beispiel eines erfolgreichen Lauschangriffs ihrer Geheimdienste auf die ausländische Konkurrenz zu erfahren. Im Oktober 1995 meldete die New York Times, daß die CIA in den amerikanisch-japanischen Verhandlungen über Auto-Exporte kräftig mitgemischt habe. Täglich briefte der

US-Geheimdienst den amerikanischen Unterhändler Mickey Kantor, welche Position die Japaner im Streit um Einfuhrquoten und -zölle einnehmen werden. Die CIA hatte ihre Erkenntnisse aus abgehörten Telefonaten zwischen der japanischen Verhandlungsdelegation in Genf und den Spitzen der japanischen Autoindustrie in Tokio gewonnen.[1]

Im selben Jahr beschwerte sich auch die französische Regierung offiziell in Washington. US-Agenten hätten die Pariser Position bei Handelsgesprächen mit den USA ausforschen wollen. Bei den Gesprächen ging es um Exportquoten, Zollprobleme und die Zusammenarbeit auf Drittmärkten.

Auf Hacker, die im Auftrag der amerikanischen Regierung in ihre Computersysteme eingedrungen sind, stieß im Sommer 1996 auch das Europaparlament in Luxemburg. Den Abgeordneten war ein Jahr zuvor aufgefallen, wie gut die US-Seite bei den Welthandelsgesprächen über die europäische Position informiert war. Untersuchungen durch die zuständige EU-Abteilung brachten es an den Tag: CIA-Agenten hatten im großen Stil in den Computersystemen der EU spioniert.[2]

CIA-Generalinspekteur Frederick Hintze winkt bei diesen Affären nur ab. Für ihn steht außer Frage, daß die amerikanischen Geheimdienste den US-Firmen „den Weg auf dem internationalen Markt ebnen und zu Vorteilen gegenüber ausländischen Konkurrenten verhelfen“ müssen.[3] Der Begriff „Nationale Sicherheit“ wird von den Amerikanern längst nicht mehr nur militärisch, sondern vor allem ökonomisch definiert.

Eine Kostprobe der neuen Strategie bekam das deutsche Unternehmen Volkswagen zu spüren. Denn die sogenannte Lopez-Affäre brachte ein US-Geheimdienst ins Rollen: Im März 1993 war der spanische Spitzenmanager José Ignacio Lopez vom Automobilhersteller Opel zu Volkswagen gewechselt. Im Umzugsgepäck, so die Staatsanwaltschaft Darmstadt, habe Lopez geheime Firmendokumente nach Wolfsburg mitgenommen – darunter Pläne für eine Fabrik unter der Codebezeichnung „Plant X/Plant B“ und Unterlagen über Einkaufskonditionen von Opel/General Motors.[4]

Der von Lopez verlassene Autokonzern Opel zeigte den Spanier bereits 1993 an und beschuldigte ihn des Diebstahls und der Firmenspionage. Die Erkenntnisse über die krummen Touren des Managers hatte Opel von seiner US-Firmenmutter General Motors gesteckt bekommen. Und die wiederum erhielt ihre Informationen aus Videokonferenzen und Telefonaten der VW-Spitze, die vom amerikanischen Geheimdienst National Security Agency (NSA) mitgeschnitten wurden.

## Zaghaftes Umdenken

Zwar hat spätestens seit der Lopez-Affäre in Deutschland ein zaghaftes Umdenken eingesetzt, was die Rolle der Wirtschaftsspionage im heutigen weltweiten Wettbewerb um Absatzmärkte und Einflußsphären anbelangt. Dennoch ist das Thema bislang nur Gegenstand bei Sicherheitstagungen und diskreten Kamingesprächen zwischen Politik und Wirtschaft. In der Öffentlichkeit äußern sich bestenfalls die Geheimdienstchefs von Bundesnachrichtendienst und Verfassungsschutz – die sich damit gleichsam dem (wohl auch nicht ganz unbegründeten) Verdacht aussetzen, nur ihre Existenzberechtigung und Budgetansprüche nachweisen zu wollen.

Bestes Beispiel dafür, wie konkrete Fälle von Wirtschaftsspionage durch befreundete Geheimdienste in Deutschland unter der Decke gehalten werden, ist die Vergabe eines südkoreanischen Staatsauftrages zur Lieferung von Hochgeschwindigkeitszügen. Siemens hatte sich 1993 zusammen mit der AEG um den Milliardenauftrag in Seoul beworben. Doch die Koreaner entschieden sich für den britisch-französischen Mitbewerber GEC Alsthom, obgleich das deutsche Angebot zunächst besser war.

In der Münchner Konzernzentrale schäumte man vor Wut. Der Vorsitzende des Bereichsvorstandes Verkehrstechnik, Wolfram Martinsen, beschuldigte in aller Öffentlichkeit das „französische Industrie-Kartell“, die Fairneß im Wettbewerb nicht gewahrt zu haben. Man sprach von Anhaltspunkten dafür, daß die Telefon- und Faxverbindungen zwischen München und der Siemens-Niederlassung in Seoul, von wem auch immer, abgehört wurden.

Doch auf Bonner Druck nahm Siemens schon zwei Tage später den Kessel wieder vom Feuer und entschuldigte sich für die „Überreaktion“. Gleichzeitig intervenierte das Kanzleramt auf diplomatischen Wegen in Seoul. Doch umsonst – die Südkoreaner ließen sich nicht mehr umstimmen.

Die deutsche Zurückhaltung, wenn es um das Thema Wirtschaftsspionage geht, hat vielerlei Gründe. Die Industrie etwa fürchtet den Imageverlust, wenn die erschreckenden Sicherheitslücken in den führenden Firmen öffentlich werden. Wenn beispielsweise Siemens Verschlüsselungstechnologien für Telefonleitungen anbietet, selbst aber Opfer von Abhörmaßnahmen wird, dann ist das alles andere als Werbung für das Unternehmen. Hinzu kommt, daß Firmentöchter deutscher Großkonzerne oftmals durch Zulieferverträge an Konkurrenten, mit denen ihr eigenes Mutterunternehmen um Großaufträge streitet, gebunden sind. Auch hierfür ist die Siemens-Affäre ein gutes Beispiel. Schließlich stattet die Elektronik-Abteilung des Konzerns die französischen TGV-Züge mit ihrem Know-how aus. Damit ist aber gesichert, daß der Münchener Konzern selbst aus der eigenen Niederlage im Kampf um den Großauftrag von Seoul noch Profit schöpfen kann.

Noch verklemmter als die Industrie reagieren deutsche Politiker, kommt das Gespräch auf das Thema Wirtschaftsspionage. Das hängt wohl auch damit zusammen, daß Bonn trotz gegenteiliger Beteuerungen und in stiller Übereinkunft zumindest mit der SPD dem Bundesnachrichtendienst nach wie vor freie Hand bei der Wirtschaftsspionage läßt.

## Hinter vorgehaltener Hand

Doch auch wenn nicht gern über die aktive Seite der Wirtschaftsspionage geredet wird – zum Thema Spionageabwehr verschließen die Politiker erst recht den Mund. Wohl aus Furcht vor den returns der angegriffenen Länder wird das Problem der Spionage in der deutschen Öffentlichkeit lieber auf alte Stasi-Fälle begrenzt.

„Für die meisten Politiker scheint Deutschland nach dem Ende des kalten Krieges eine geheimdienstfreie Zone geworden zu sein“, klagt dann auch Harald Woll, Regierungsdirektor im Stuttgarter Landesamt für Verfassungsschutz. „Bestenfalls nehmen sie noch die Aktivitäten der russischen Dienste zur Kenntnis. Vor der realen Gefahr für den Standort Deutschland durch die Schwerpunktverlagerung ausländischer Dienste auf die Wirtschaftsspionage verschließen sie jedenfalls bewußt die Augen.“

Der wirtschaftspolitische Sprecher der Sozialdemokraten im Bundestag, Ernst Schwanhold, schlägt in die gleiche Kerbe. Er warf Ende 1996 der Bundesregierung beim Problem der Wirtschaftsspionage „Blauäugigkeit und Untätigkeit“ vor.

Dabei sprechen die Zahlen für sich. Nach Schätzungen der Polizeigewerkschaft entsteht in Deutschland durch Wirtschaftsspionage ein jährlicher Schaden von 20 Milliarden Mark. Allein in Baden-Württemberg, traditionell ein Revier mittelständischer High-Tech-Unternehmen, hat sich der Anteil von Wirtschaftsspionage an geheimdienstlichen Verdachtsfällen im Jahr 1995 im Vergleich zum Vorjahr verdoppelt. Vier von fünf Spionagefällen beziehen sich dort auf Industrieunternehmen.

Eine Tendenz, vor der Verfassungsschutz und BND sowie Sicherheitsexperten schon seit langem unisono warnen. Die Kernthese: Es gibt einen grundsätzlichen Wandel der Spionageinteressen gegenüber der Bundesrepublik – nicht mehr Politiker und das Militär stehen im Zentrum der nachrichtendienstlichen Attacken, sondern zunehmend Wirtschaft und Wissenschaft.

Schwerpunkt hierbei sind forschungsintensive Industriebereiche wie Mikroelektronik, Pharma- und Computerproduktion, Kommunikationstechnologien, der Anlagenbau, die Luftfahrt, Gentechnik und die Kernenergieforschung. Dabei sind nicht nur die großen Konzerne gefährdet, sondern auch staatliche Forschungseinrichtungen und innovative Mittelständler.

Der Chef des Bundesamtes für Verfassungsschutz, Peter Frisch, spricht sogar von einer „erheblichen Gefahr“ für die deutsche Wirtschaft.[5] Dennoch wurden in seiner Behörde die bis 1990 getrennt arbeitenden Abteilungen Spionageabwehr und Wirtschaftsschutz zusammengelegt und personell erheblich verkleinert. In den meisten Landesämtern sind die Spionageabwehr-Abteilungen zudem dramatisch unterbesetzt.

Offizielle Begründung ist die angespannte Finanzlage des Bundes. Oder steckt möglicherweise doch politischer Wille dahinter, die Aufklärung von Wirtschaftsspionage zu behindern? Der Stuttgarter Verfassungsschützer Harald Woll räumt ein, daß Spionage durch Verbündete ein Tabuthema in Bonn sei. „Stoßen wir bei unseren Ermittlungen auf Verbindungen zu einem Partnerdienst, dann schaltet sich sofort Bonn ein und klärt das auf diplomatischem Weg. Man kann schon sagen, daß uns in einer bestimmten Richtung die Hände gebunden sind.“

Doch solche Kritik wird im Verfassungsschutz bestenfalls hinter vorgehaltener Hand geäußert. Im 95er Bericht des Kölner Bundesamtes beispielsweise zeigt man sich linientreu: In dem 22-seitigen Kapitel über Spionage in Deutschland fehlt der Verweis auf die „friendly attacks“ völlig.

Das ist umso kurioser, wenn man weiß, daß im Herbst 1994 vom Kanzleramt sogar eine vertrauliche Arbeitsgruppe eingerichtet wurde. Das Gremium, dem Ministeriale und Geheimdienstler angehörten, sollte nach Wegen suchen, wie dem Treiben befreundeter Geheimdienste in der Bundesrepublik Einhalt geboten werden kann. Doch schon nach einem Jahr erlahmte der Elan der Gruppe, die ihre Tätigkeit – wohl auf sanften politischen Druck – schließlich ganz einstellte.[6]

Folgt man den jährlichen Verfassungsschutz-Berichten, sitzt der Feind nach wie vor im Osten – und zwar in Rußland, den Ländern des ehemaligen Ostblocks, im Nahen und Mittleren Osten sowie in China und Nordkorea.[7]

Eine Analyse, die von den Politikern gern mitgetragen wird. Daß auch Freunde und Verbündete ihre Finger gierig nach deutschen Technologien und Marktvorteilen ausstrecken, wird bestenfalls verschämt in Nebensätze versteckt. So spricht Geheimdienstkoordinator Bernd Schmidbauer von einer „ungünstigen Situation“, wenn ein Partnerdienst wirtschaftliche Aufklärung in Deutschland betreibe. Dabei entstünden nur „Mißtrauen und Vorbehalte“, hebt er moralisierend den Finger.

Klare Worte, mit denen Politiker auf die Gefahren aufmerksam machen, die von befreundeten und verbündeten Regierungen und Staaten drohen, sind in der Minderheit. Im Dezember 1996 sorgte ein Zeitungsartikel des SPD-Politikers Ludwig Stiegler für Aufsehen. Stiegler, stellvertretender Vorsitzender im Rechtsausschuß des Bundestages, hatte geschrieben, die USA seien in puncto Wirtschaftsspionage „so unschuldig wie Maria Magdalena“. Längst sei für die Amerikaner die Industriespionage zu einem „Bestandteil des internationalen Kampfes um Marktanteile“ geworden.[8]

In den Jahren bis zur Jahrtausendwende dürfte bei so viel Verschlafenheit staatlicher Stellen die Agententätigkeit in und gegen Deutschland wohl noch zunehmen. Davon geht auch das Bundeskriminalamt aus: In seiner Studie mit dem Titel „Szenario 2000“ prophezeit das BKA, daß die Industriespionage bis zur Jahrtausendwende noch um etwa 25 Prozent zunehmen wird. Dabei steht zu erwarten, daß sich der Handlungsraum der Schlapphüte mehr in den Osten der Bundesrepublik verlegt. Mit dem Regierungsumzug nach Berlin und dem zu erwartenden Sog für die Industrie wird auch der „Rattenschwanz“ ausländischer Geheimdienste umziehen. Schon jetzt registriert man in Brandenburg mit Sorge die zunehmende Unterwanderung einheimischer Firmen durch ausländische Geschäftspartner. Viele kleine Firmen, vorrangig Joint-ventures mit osteuropäischen Partnern, haben sich in den letzten Jahren in dem östlichen Bundesland angesiedelt. Die Nähe zu Berlin, so fürchtet man im Brandenburger Innenministerium, wird in östlichen wie westlichen Nachrichtendiensten das Interesse an dem Bundesland steigern.

Auch in Berlin macht man sich schon jetzt Sorgen, den mit dem Ende des Kalten Krieges verloren geglaubten Ruf als „Hauptstadt der Agenten“ doch nicht abgeschüttelt zu haben. Mehr als 1000 Spione ausländischer Dienste hat der Verfassungsschutz in der Hauptstadt ausgemacht. Fast alle Dienste seien vertreten. Der Stadt drohe nach Meinung ihres Innensenators Jörg Schönbohm (CDU) eine „weitere Konzentration nachrichtendienstlicher Potentiale“.[9]

# Die russischen Dienste – Für Volk und Vaterland

Sichtlich verärgert erschien im Februar 1996 der Resident der Russischen Auslandsaufklärung im Bonner Kanzleramt. Ein solches Verhalten sei unverschämt und unprofessionell, es verstieße gegen den Geist der vereinbarten Zusammenarbeit, las der Generalleutnant seinem Gegenüber, Staatsminister Bernd Schmidbauer, die Leviten.[1]

Anlaß der Demarche war ein vorangegangenes Spiegel-Interview mit dem damaligen Chef des Kölner Bundesamtes für Verfassungsschutz, Hansjörg Geiger. Darin hatte Geiger beklagt, daß Moskaus Auslandsspionage ihre Aktivitäten in Deutschland verstärke und wieder zu den klassischen Methoden bei der Anwerbung von Quellen und Agenten zurückkehre. Die Attacke gipfelte in dem Satz: „Wenn Deutschland die Russen finanziell stark unterstützt, kann es auch erwarten, nicht ausspioniert zu werden."[2]

Die naive deutsche Hoffnung, sich mit Milliardenzahlungen für die Ankurbelung der russischen Wirtschaft und großzügigen Hermes-Krediten aus der Umklammerung russischer Agenten freikaufen zu können, hat sich nicht erfüllt. Der Versuch, ein gegenseitiges Stillhalteabkommen zu schließen, ist jedenfalls schon Anfang der 90er Jahre kläglich gescheitert. Die Auswirkungen der peinlichen Affäre hatten Geigers Vorgänger Eckart Werthebach das Amt als oberster Verfassungsschützer gekostet. Und so müssen sich die deutschen Abwehrexperten wohl auf Dauer damit abfinden, mit russischen Agentenheeren im Lande zu leben. Auf politische Unterstützung im Kampf gegen die russische Spionage können sie jedenfalls nicht zählen – Bundeskanzler Helmut Kohl wie auch sein folgsamer Außenminister Klaus Kinkel weigern sich beharrlich, dieses Thema bei Staatsbesuchen ernsthaft zur Sprache zu bringen. Sie haben nicht die Absicht, den russischen Bären mit diesen „Kleinigkeiten" zu reizen – schließlich geht es für die Politik langfristig um Einfluß und Investitionsmöglichkeiten der deutschen Industrie in Jelzins Reich.

Und so klären die Deutschen, werden sie eines russischen Wirtschaftsspions denn mal habhaft, die Sache lieber auf die stille Art. Einreisesperren, Visaverweigerungen, auch mal ein einsamer Haftbefehl – an die Öffentlichkeit dringt kaum eine Nachricht.

Da hört man schon eher aus dem Ausland, daß es russischen Spionen an den Kragen geht. So wurde am 10. April 1996 ein russischer Diplomat von der Schweizer Regierung des Landes verwiesen. Man hatte ihn bei einem „nachrichtendienstlichen Treff" erwischt. Schon vier Monate zuvor war ein Mitglied der russischen Mission bei den Vereinten Nationen in Genf von den Schweizer Behörden zur Ausreise aufgefordert worden. In beiden Fällen ging es um Wirtschaftsspionage.[3]

Auch Schweden griff durch. Am 1. April 1995 wurde der 37jährige Russe Michael Alexandrowitsch Smirnow aus Schweden ausgewiesen. Der Grund: Spionage. Smirnow war am Vortag festgenommen worden, als er dabei war, geheime Dokumente in Empfang zu nehmen.

Nachdem der Russe von Beamten der schwedischen Geheimpolizei Säkerhetspolisen (SÄPO) ins Flugzeug gesetzt worden war, bestellte das Außenministerium in Stockholm den russischen Botschafter Oleg Grinewski ein und übergab ihm eine Protestnote. Das russische Außenhandelsministerium wies die Vorwürfe als „schandvolle Provokation" zurück; Smirnow sei rein geschäftlich in Schweden gewesen.

Wie die schwedische Abendzeitung „Expressen" schrieb, waren Smirnows Aktivitäten bereits seit einem Jahr von der SÄPO kontrolliert worden. Smirnow, ein Spion des militärischen Aufklärungsdienstes GRU, wird als ein russischer Agent neuen Typs beschrieben, der ohne diplomatische Immunität arbeitet. Ein anonymer russischer Insider sagte der Zeitung, Smirnow habe „versucht, auf rein legalen Wegen Waffen für den internationalen Rüstungsmarkt zu kaufen. Aber auf diesem Gebiet ist ein harter Wettbewerb, und einige Waffenhändler versuchen, sich auf solche Art Konkurrenten vom Hals zu schaffen."

Offiziell war Smirnow als Umweltspezialist Mitglied einer russischen Handelsdelegation, die in Liding, einer Insel vor den Außenbezirken von Stockholm, weilte. Tatsächlich aber, so sagten es andere Mitglieder der Delegation später aus, sei Smirnow ein Ingenieur, der im Auftrag des Rüstungsunternehmens Stankostroitelnoje Proisvodstvennoe Objedinjenie in Iwanowo, das liegt südlich von Moskau, nach Schweden gekommen sei. Er habe den Auftrag, ausländische Käufer für russische Waffensystemen zu finden.

Doch auch diese Version stimmte nicht. Die Tageszeitung „Svenska Dagbladet" fand schließlich heraus, daß die Waffenhandels-Story nur eine Ente war, um vom tatsächlichen Auftrag Smirnows abzulenken. Nach Angaben der Zeitung habe Smirnow vielmehr versucht, hocheingestuftes geheimes Material von der FMV, dem schwedischen Wehrtechnikverwaltungsamt, zu erhalten und einen dortigen Angestellten anzuwerben. Dieser aber hatte schon frühzeitig die SÄPO informiert, die den Beamten als Doppelagenten nutzte. Die FMV hat eine zentrale Verantwortung für die Ausrüstung der schwedischen Armee, der Marine und Luftwaffe. Wie der FOA, der schwedische Spionageabwehrdienst, sagt, ist das Interesse Rußlands an schwedischer Rüstungstechnologie enorm gewachsen. Dabei gehe es aber weniger um militärische Überlegenheit als vielmehr um zeitgemäße technologische Lösungen und handfeste wirtschaftliche Interessen – beim Wettlauf auf dem Rüstungsmarkt wollen die Russen kräftig mitverdienen.

Ihre noch aus den Zeiten des Kalten Krieges herrührende starke Präsenz haben die russischen Geheimdienste – wie in Deutschland – zwar umstrukturiert, aber quantitativ kaum abgebaut. In ihrem Jahresbericht von 1995 schreibt die SÄPO, daß mehr als die Hälfte der 30 akkreditierten Mitarbeiter an der russischen Botschaft in Stockholm Geheimdienstmitarbeiter sind. Ein Drittel davon arbeitet für den Militär-Geheimdienst GRU, der seit einiger Zeit ein Sonderreferat für Wirtschaftsspionage unterhält. Weitere Geheimdienst-Mitarbeiter hat die SÄPO in der russischen Handelsniederlassung in Liding und in verschiedenen russischen Firmen im Lande ausgemacht. Nach Meinung von Joakin von Braun, Sicherheitsberater mehrerer großer schwedischer Firmen, hatte der KGB 1990 rund 600 Scheinfirmen in Schweden unterhalten, ein Großteil davon sei noch aktiv.[4]

## Tummelplatz der Agenten

Auch die deutschen Spionageexperten können mit solch beeindruckenden Zahlen aufwarten: Von den 500 russischen Diplomaten in Deutschland sind ein knappes Drittel „Personen mit nachrichtendienstlichem Bezug“. Hinzukommen mehrere hundert, wenn nicht sogar tausend Spione in der Wirtschaft. Sie sitzen vorrangig in russisch-deutschen Joint-venture-Unternehmen, von denen es 1995 in Deutschland bereits 2 500 gegeben habe. Noch vier Jahre zuvor existierten ganze 19 solcher Firmen.[5]

Auffällig ist, daß bei russischen Firmengründungen in der Bundesrepublik oder bei Kapitalbeteiligungen an Unternehmen in Deutschland häufig Personen in Erscheinung treten, die dem Verfassungsschutz bereits als mögliche oder tatsächliche Angehörige des früheren KGB oder seiner Nachfolgedienste aufgefallen sind. Diese Personen bemühen sich zudem auffällig oft um Einreisevisa nach Deutschland, um hier Geschäftsreisen und Firmenbesuche durchzuführen oder sogar eine Tätigkeit in der Privatwirtschaft aufzunehmen.[6]

Seine Erfahrungen mit solcherart „Geschäftspartnern“ mußte auch der Unternehmer Peter Meißner machen, der eine kleine High-Tech-Firma am Berliner Stadtrand betreibt. Auf der Suche nach Partnern, bei denen er die von ihm entwickelten Lasertechnik-Produkte herstellen lassen kann, geriet er an das russische Unternehmen „Mirosowijtsch Company“. Der Firmenchef aus Rußland reiste höchstpersönlich an, wurde mit Meißner schnell handelseinig. Der Berliner erarbeitete ein Konzept für die Zusammenarbeit, übersandte erste Unterlagen. Kurze Zeit später entdeckte er im Katalog einer koreanischen Firma seine Entwicklungen wieder – zu einem Spottpreis.[7]

Angeleitet werden die russischen Agenten hauptsächlich zentral aus Moskau. Die Informationen, die sie nach Hause bringen, werden entweder der heimischen Wirtschaft angeboten oder ins Ausland verkauft. Wirtschaftsspionage ist auf diese Weise für die russischen Dienste ein lukratives Geschäft geworden. Bedeutende nachrichtendienstliche Stützpunkte haben die Kölner Verfassungsschützer in der Bonner Botschaft, deren Berliner Außenstelle und den russischen Konsulaten ausgemacht.[8]

Vor allem die Hauptstadt wird zunehmend zur Anlaufstelle von SWR-Agenten. Allein in der Berliner Dependance der Russischen Botschaft Unter den Linden sowie in der benachbarten Handelsvertretung tummeln sich 40 hauptamtliche Geheimdienstoffiziere und spinnen ein breitgefächertes Agentennetz. Von den 104 in Berlin ansässigen deutsch-russischen Firmen (Stand Ende 1996) wird knapp ein Viertel durch den Verfassungsschutz observiert – bei der Hälfte von ihnen gibt es den begründeten Verdacht, daß sie nachrichtendienstlichen Zwecken dienen. Alles in allem verfügt Moskau in Berlin über einen ähnlich großen Nachrichtendienstapparat wie in Bonn.[9]

Die Berliner Verfassungsschützer sind davon überzeugt, daß die russischen Agenten ihre Informationsbeschaffung „zu einem großen Teil über legale Residenturen, d.h. getarnte Stützpunkte in amtlichen und halbamtlichen Auslandsvertretungen", abwickeln.[10] Dabei sind die Agentenjäger überzeugt, daß der Gegner jede sich bietende Gelegenheit ausnutzt. Selbst bei den gut besuchten Kulturveranstaltungen der Außenstelle der Russischen Botschaft Unter den Linden werde spioniert, so das LfV. Insbesondere die Musikabende in dem Gebäude würden von russischen Spionen dazu benutzt, anwesende Vertreter von Berliner Unternehmen und Firmenniederlassungen „abzuschöpfen".[11]

In Brandenburg machen die Verfassungsschützer ähnliche Erfahrungen wie ihre Kollegen in Berlin. Wolfgang Holtkötter, Leiter des Referats Spionage im Potsdamer LfV, spricht von einem „äußerst variantenreichen, vielschichtigen und subtilen" Vorgehen der russischen Spione. Nach seinen Angaben sind in Brandenburg bereits mehrere „Spionage-Firmen" enttarnt worden, die einzig zum Zwecke des Technologiediebstahls gegründet worden waren.[12]

Darüberhinaus unterhalten die russischen Geheimdienste nach wie vor illegale Residenturen in Leipzig. Die Messestadt war zu DDR-Zeiten der neben Berlin-Karlshorst wichtigste Standort von KGB und GRU. In der Leipziger Handelsvertretung gingen Geheimdienstoffiziere besonders zu Messezeiten ein und aus. Heute sind in Leipzig viele russische und russisch-deutsche Unternehmen plaziert, die zum Teil von schon früher dort tätigen Agenten geführt und zur Wirtschaftsspionage eingesetzt werden. Ein Umstand, der von der deutschen Spionageabwehr in den Wende- und Vereinigungswirren „übersehen" wurde.

Die Agentenjäger vom Berliner Landesamt gehen davon aus, daß es den russischen Auslandsnachrichtendiensten zwar nach wie vor um die Ausforschung politischer und militärischer Planungen und Projekte gehe, wie beispielsweise die NATO-Osterweiterung, in den letzten Jahren aber liege „der Schwerpunkt eindeutig bei der Wirtschaftsspionage in ihrer gesamten Bandbreite". Die Berliner Verfassungsschützer zeigen Verständnis - schließlich bedinge die Umwandlung der russischen Wirtschaft „ein stark erhöhtes Informationsaufkommen über die Funktionsweisen hochentwickelter und hochtechnologisierter Marktwirtschaften". Deshalb sei den Nachrichtendiensten die Ausforschung dieses Sektors „ausdrücklich übertragen" worden.[13]

## Am liebsten gleich die ganze Mappe

Besonders tun sich bei der Wirtschaftsspionage in Deutschland vier der sieben aus der „KGB-Reform" 1991 hervorgegangenen Nachrichtendienste hervor: Der zivile Auslandsnachrichtendienst SWR, sein militärisches Pendant GRU, der Funk- und Fernmeldeaufklärungsdienst FAPSI und der Inlandsgeheimdienst FSB (auf die beiden letztgenannten Dienste wird im nachfolgenden Abschnitt ausführlich eingegangen).

Der mit alten KGB-Kadern durchsetzte SWR verfügt nach wie vor über ein exzellent strukturiertes Agentennetz in Deutschland. Mit dabei auch ehemalige Stasi-Offiziere, um deren Anwerbung sich der KGB bereits ab Mitte der achtziger Jahre unter perspektivischen Gesichtspunkten bemüht hatte. Im SWR ist in den letzten Jahren eine Spezialabteilung geschaffen worden, die Wirtschafts- und Industriedaten aus dem Ausland beschafft. Sie ist hervorgegangen aus dem ehemaligen Direktorat „T“ der Ersten Hauptverwaltung des KGB, das früher vorrangig für Technologiebeschaffung zuständig war. Heute verfügt die Abteilung in Moskau über 500 Mitarbeiter, denen SRW-Offiziere der „Linie X“ zuarbeiten. Diese Offiziere sind in der Regel an Botschaften und Handelsvertretungen im Ausland angesiedelt.[14]

Auch der militärische Auslandsaufklärungsdienst GRU beschäftigt sich mit Wirtschaftsspionage. Da die „Gefahr eines überraschenden Nuklearangriffs auf ein Minimum gesunken“ sei – so GRU-Chef Fjodor Ladygin Ende 1996 – widmeten sich die GRU-Agenten verstärkt der Technologie- und Wirtschaftsspionage.[15] Bereits seit Dezember 1993 ist dafür in dem Dienst eine spezielle Abteilung aufgebaut worden. Durchaus mit kommerziellem Hintergrund – der GRU will sich durch den Verkauf seiner Erkenntnisse an die russische Privatwirtschaft selbst finanzieren. Das führt dazu, daß der Dienst im SWR ein regelrechtes Konkurrenzunternehmen sieht, mit dem man um Spionageerkenntnisse wetteifert.

In ihrem 95er Bericht weisen die Berliner Verfassungsschützer auf russische Besonderheiten bei der Wirtschaftsspionage hin: Die Spionagetätigkeit sei „nicht nur auf den Zyklus eines Wirtschaftsgutes – von der Forschung und Entwicklung über die Herstellung bis zur Vermarktung bestimmter Schlüsselindustrien (wie Mikroelektronik, Computertechnologie, Metallurgie und andere) – gerichtet, um ohne eigenen Kostenaufwand Anschluß an westliche Technologien zu gewinnen. Interesse finden darüber hinaus Analysen und Prognosen von internationalen Wirtschaftsorganisationen, Banken und Wirtschaftsverbänden über künftige wissenschaftlich-technische Entwicklungen, Energie- und Rohstoffressourcen sowie über Perspektiven wirtschaftlicher Zusammenarbeit."[16]

Das Informationsinteresse der Russen ist umfangreicher, da sie im Gegensatz zu den hochentwickelten Industrienationen auch an Ergebnisse aus der Grundlagenforschung in bestimmten Technologiebereichen herankommen wollen. „Während ein westlicher Spion ganz gezielt vorgeht, um beispielsweise nur die Positionen in Kaufverhandlungen zu erfahren oder eine Preisliste zu ergattern, wollen die östlichen Spione am liebsten gleich die ganze Konstruktionsmappe kopieren", so ein Insider.

Die Beschaffungsschwerpunkte liegen dabei in den Bereichen Elektronik, Informations-, Kommunikations- und Sicherheitstechnik. Aber auch Institute und Einrichtungen auf dem Gebiet der Materialforschung, der Medizin und Medizintechnik sowie der Biologie gelten als Zielobjekte russischer Spione.[17]

Das deckt sich mit den Vorgaben, die Präsident Boris Jelzin dem russischen Auslandaufklärungsdienst SWR im April 1994 übermittelte. Bei einem Besuch des Dienstes sagte Jelzin: „Sic wissen besser als ich, daß es im Ausland Kräfte gibt, die Rußland im Zustand einer steuerbaren Lähmung halten wollen. Aber nur ein starker, demokratischer und blühender russischer Staat kann zu einem Faktor werden, um der Welt eine neue Perspektive zu geben." Der SWR müsse daher für „die Gewährleistung der wirtschaftlichen Sicherheit Rußlands" einen wichtigen Beitrag leisten.[18] Der damalige SWR-Chef Jewgeni Primakow, seit Anfang 1996 russischer

Außenminister, hatte seinen Dienstherrn verstanden: „Die besondere Aufmerksamkeit unseres Dienstes gehört heute den Ereignissen, die unter den neuen Bedingungen eine geopolitische Bedrohung für Rußland bedeuten können.“[19] Zu diesen geopolitischen Bedrohungen gehört nach Primakows Ansicht auch der wirtschaftliche Vorsprung des Westens, weshalb – wie Primakow an anderer Stelle sagte – die Beschaffung wirtschaftsbezogener Informationen ein vorrangiges Anliegen seines Dienstes sei. Noch kurz bevor er aus dem SWR in den Ministersessel des Außenamtes wechselte, versprach Primakow: „Wir sind überall bestrebt, aktuelle, zuverlässige und bestenfalls dokumentarische Informationen zu bekommen und sie der obersten politischen Führung des Landes darzulegen.“[20]

Was das für Informationen sind, daran lassen russische Geheimdienstler keinen Zweifel. Der Schwerpunkt liege eindeutig auf „Industrie- und Technologiespionage“, sagte der frühere Vizepräsident des KGB, Wladimir Kirpechenko, in einem Interview mit der Zeitschrift „The European“.[21] Auch der SWR-Sprecher, Juri Koboladze, gab unumwunden zu, daß sein Dienst „... mit Hilfe unserer Kundschafter politische, militärische und wirtschaftliche Fakten (sammle), die für Rußland interessant sind“.[22]

Und als hätte es noch einmal eines deutlichen Wortes des Präsidenten in aller Öffentlichkeit bedurft, bestätigte Boris Jelzin im Februar 1996 die Hauptaufgabe der russischen Nachrichtendienste. Vor dem Nationalen Sicherheitsrat stellte er unverhohlen fest, daß Wirtschaftsspionage notwendig sei, um den wirtschaftlichen und technologischen Rückstand Rußlands gegenüber dem Westen aufzuholen.

Tatsächlich fördert und fordert die Strategie der russischen Wirtschaftspolitik eine von den staatlichen Geheimdiensten betriebene Wirtschaftsspionage. Denn in der oberen Schicht der sich herausbildenden Finanzoligarchie in Rußland findet man nicht die hemdsärmeligen Unternehmer vom „spontanen Markt“. Die Moskauer Soziologin Olga Krishtanowskaja macht dort vielmehr die „Klasse der Bevollmächtigten“ aus: „Trust-Agenten“ der Nomenklatura, die aus vertrauenswürdigen Kadern der Sowjetwirtschaft und dem ehemaligen Komsomol-Verband rekrutiert wurden. Sie vertreten mit ihrem Management staatliche Interessen im Tausch gegen die Genehmigung, reich zu werden, wie Krishtanowskaja schreibt.[23]

Die Vernetzung dieser neuen Wirtschaftselite wird vorangetrieben von den politischen Machthabern, die gleichzeitig ungenierte Lobbyisten ebenjener „Trust-Agenten“ sind. Zu ihnen gehören Premier Viktor Tschernomyrdin (als Aufsichtsratsmitglied von Gasprom zuständig für den Export von russischem Erdöl und -gas), der Zentralbankchef Dubinin, Aufseher über Banken und Finanzinstitute, Moskaus Oberbürgermeister Lushkow, der wichtige Kapitalgruppen in der russischen Hauptstadt unter Kontrolle hält, und Vize-Premier Oleg Lobow, Jelzins Mann im Rat für Wirtschaftspolitik, zuständig für den militärisch-industriellen Komplex.

Präsident Jelzin aber führt noch ein weiteres Argument zur Verteidigung seiner Geheimdienstpolitik ein. Bei seinem schon erwähnten Besuch beim SWR im April 1994 wies der Präsident darauf hin, daß die amerikanische Aufklärung ihre Anstrengungen verstärke, Agenten in Rußland anzuwerben. Gleichzeitig sprächen die US-Dienste den russischen Nachrichtendiensten das Recht ab, ebenfalls im Ausland zu agieren. „Ich kann Ihnen versichern, daß sich Rußland mit einer solchen Diskriminierung nicht mehr abfinden wird“, versprach Jelzin der SWR-Führung. „Wir sind bereit, alle vom Völkerrecht vorgesehenen Maßnahmen zu ergreifen, um die Lage zu korrigieren.“[24]

Traut man den offiziellen Statistiken des russischen Inlandsgeheimdienstes FSB, hat die Wirtschaftsspionage gegen Rußland erheblich zugenommen. FSB-Sprecher Sergej Wassiljew nannte der russischen Nachrichtenagentur ITAR-TASS im Jahre 1995 die Zahl von etwa einem Dutzend Spione, die 1994 in den Wirtschaftsinstitutionen Rußlands unter den dort tätigen ausländischen Fachkräften entdeckt worden seien. Die „Tatsache, daß weitere 90 Ausländer für diesen oder jenen Geheimdienst arbeiteten", stehe außer Zweifel, so Wassiljew. Das Interesse ausländischer Nachrichtendienste richte sich nach den Worten des FSB-Sprechers unter anderem auf „neue Entdeckungen und Technologien im nuklearen Bereich". Der FSB sei zu der alarmierenden Erkenntnis gelangt, daß es den ausländischen Nachrichtendiensten „bis zu einem gewissen Grade gelungen ist, die modernsten Technologien aus Rußland zu stehlen".[25]

## Augen und Ohren des Präsidenten

Der schlichte Bau in der Straße Am Heizhaus in Berlin-Karlshorst trägt eine umständliche Bezeichnung: Produktionslager der Botschaft der Russischen Föderation. So steht es jedenfalls auf einem schmucklosen weißen Schild an dem stets fest verrammelten Eingangstor. Alles Tarnung, sagt dagegen der Verfassungsschutz. „Wir gehen davon aus, daß es sich bei dem Anwesen in Karlshorst um eine Residentur des russischen Geheimdienstes FAPSI handelt, die der Überwachung des Berliner Fernsprechverkehrs dient", sagt ein Regierungsdirektor der Spionageabwehr im Verfassungsschutz.

Hinter der Abkürzung FAPSI verbirgt sich die komplizierte Bezeichnung „Föderale Agentur für Regierungsfernmeldewesen und Information beim Präsidenten der Russischen

Föderation". Dieser eigenständige Nachrichtendienst für fernmelde- und funkelektronische Aufklärung ist dafür zuständig, ausländischen Fernmeldeverkehr abzuhören und zu entschlüsseln. Darüberhinaus sollen die FAPSI-Leute mit ihren Mitteln auch in nationale und internationale Kommunikationsnetze eindringen.

Das Anwesen in Berlin-Karlshorst scheint für diese Zwecke hervorragend geeignet. Nicht umsonst hatte die Stasi in der unmittelbaren Nachbarschaft ebenfalls eine Abhördienststelle eingerichtet. Das FAPSI-Gebäude grenzt mit seiner Rückfront an dieses ehemalige Stasi-Objekt, das die für Telefonüberwachung zuständige MfS-Abteilung N beherbergte. „Die sitzen praktisch auf einem Knoten der wichtigsten Telefonkabel Berlins", bringt ein ehemaliger hochrangiger Abhöroffizier der Stasi den Sachverhalt auf den Punkt.

Aber auch ohne Zugang zum Kabelnetz können die FAPSI-Residenten arbeiten – die Antennenschüsseln auf dem Dach lassen das Belauschen des Richtfunkverkehrs im Berlin-Brandenburger Raum zu.

Den russische Horchposten in Karlshorst hat sich der – direkt dem Präsidenten Boris Jelzin unterstellte – Abhördienst einiges kosten lassen. So hat das einst ziemlich heruntergekommene Gebäude 1993 eine sichtbare Verjüngungskur erhalten: Neue, schalldichte Fenster wurden eingebaut, das Dach repariert und zwei Satellitenschüsseln neu montiert.

Auch im Inneren des Hauses hat moderne Technik Einzug gehalten. Die High-Tech-Elektronik stammt überwiegend von deutschen Unternehmen. FAPSI-Chef Generalleutnant Starowojtow wählte sie höchstpersönlich aus, als er sich im Jahre 1994 auf einer Besuchsreise in der Bundesrepublik von namhaften Unternehmen der Elektronikbranche, die im süddeutschen Raum angesiedelt sind, beraten ließ. Dort ging man offenbar davon aus, daß es sich bei der FAPSI um eine Art russische Telekom handelt. Kein Einzelfall, wie der Verfassungsschutz berichtet: Der Dienst hat es verstanden, sich einigen Gesprächs- und Geschäftspartnern, besonders in Deutschland, unter der „Telekom-Legende" eines Kommunikations-Dienstleistungsunternehmens zu verkaufen.[26]

Das hat sogar so weit geführt, daß die FAPSI Teilhaber an einer in Berlin gegründeten Firma geworden ist, die sich als eine Art russische Telecom darstellt. Nach Erkenntnissen der Berliner Verfassungsschützer ist das Unternehmen allerdings auch verantwortlich für eine Reihe von Abhöraktionen.[27]

Die FAPSI ist einer der neuen russischen Geheimdienste, die aus der Reform des alten KGB Ende 1992 hervorgegangen sind. Doch im Gegensatz zum Auslandsaufklärungsdienst SWR und dem Militärgeheimdienst GRU, die von alten Partei- und KGB-Kadern dominiert werden, ist die FAPSI per Ukas dem präsidialen Geheimdienst Jelzins angegliedert worden. Diesen Sicherheitsdienst SBP hatte Jelzin nach dem Putschversuch vom Spätsommer 1993 gründen lassen, um ein Gegengewicht gegen die alte KGB-Garde zu schaffen.

Mit der Entscheidung, den Aufklärungsdienst FAPSI an den Kreml zu binden, hat sich der russische Präsident einen Informationsvorsprung gegenüber der Konkurrenz aus der Ljubljanka, der langjährigen gefürchteten NKWD- und KGB-Zentrale, gesichert. Denn die Informationen, die FAPSI über ihre getarnten Abhörstationen in Europa und die riesige Lauschanlage in der Ukraine gewinnt, gehen zunächst an Jelzins SBP, der über die Weitergabe an andere Dienste entscheidet.

Zur Auswertung der von FAPSI gewonnenen Informationen hat der Kreml-Dienst eine eigenständige Behörde an sich gebunden, bei der auch die in Karlshorst belauschten Gesprächsinhalte landen. Bei diesem Auswertungsapparat handelt es sich um die Agentur für Finanzsicherheit (AFB), ein offiziell als Privatfirma geltendes Unternehmen. Sie wird geleitet von Sergej Aksonow, einem ehemaligen leitenden Mitarbeiter im Zentralkomitee der KPdSU. Aksonow war persönlicher Berater des früheren Ministerpräsidenten Ryschkow und spezialisiert auf Verteidigungs- und Sicherheitsfragen.

Mit der AFB hat der mit weitreichenden Beziehungen ausgestattete Aksonow eine ehemalige Diensteinheit des KGB übernommen. Die Abteilung wurde im Rahmen der KGB-Reform ausgegliedert und „privatisiert", um den nötigen Stellenabbau nachzuweisen.

Die Abteilung durfte aber ihr Know-how mitnehmen: Die ehemaligen Datenbank des sowjetischen Dienstes, in dem der KGB und seine späteren Nachfolger bis 1993 alle in- und ausländischen Firmen und Geschäftsleute erfaßt hatten, die für Rußland von irgendeinem Interesse gewesen sind oder noch werden können. Breiten Raum nehmen in dieser Datensammlung die Infomationen über die ungesetzlichen Aktivitäten von Firmen und Managern ein – kompromittierendes Material, mit dem widerspenstige Geschäftspartner gefügig gemacht werden können.

In einer streng geheimen Vereinbarung vom Mai 1994 wird die „informelle, konsultative und auskunftsmäßige Betreuung" des Kreml-Dienstes SPB durch die AFB geregelt. Darin wird die Agentur verpflichtet, „Informationen zur Gewährleistung der finanziell-ökonomischen Sicherung der GUS" zu analysieren und systematisieren. In regelmäßigen Zeitabständen soll die AFB „analytische Überblicke zu Fragen der staatlichen Sicherheit, eingeschlossen politische, ökonomische und außenpolitische" Aspekte, an den Sicherheitsdienst übergeben. Darüberhinaus wird die Agentur verpflichtet, die Beratung von Experten vor Konferenzen und Vertragsverhandlungen sowie die „Erarbeitung von Schlußfolgerungen für den Sicherheitsdienst" SPB zu übernehmen.

Und als sei es mit dieser beim SPB konzentrierten Machtfülle noch nicht genug, setzte der Präsident am 22. April 1996 noch eins drauf: Per Ukas wies Jelzin den Ausbau seines Sicherheitsdienstes an, der schon zu diesem Zeitpunkt über eine Elite-Einheit von geschätzten 25 000 Mann verfügte. Gleichzeitig erhielt der SPB das Recht, Grundbesitz in Rußland für „operative Zwecke“ zu erwerben. Außerdem wurde der Kreml-Dienst zuständig für sämtliche Angriffe aus dem In- und Ausland auf die staatliche Sicherheit, eine wohl bewußt schwammig gehaltene Definition. Mit dem Jelzin-Ukas hatte sich der Kreml-Dienst SPB zum mächtigsten Geheimdienst Rußlands entwickelt, dessen Machtfülle an frühere KGB-Zeiten erinnert.

## Moskauer Machtspiele

Schon ein Jahr zuvor, im April 1995, hatte Jelzin einen lästigen Konkurrenten des SPB auf seine Seite gezogen. Mit einem Dekret unterstellte er sich den Förderalen Sicherheitsdienst (FSB). Der FSB ist eigentlich ein Inlandsgeheimdienst, der für die Spionageabwehr sowie die Bekämpfung von politischem Extremismus, Terrorismus und Organisierter Kriminalität zuständig ist.

Nachdem er sich den FSB direkt unterstellt hatte, erweiterte Jelzin aber das Aufgabenspektrum des Dienstes: So solle sich der FSB stärker als bisher der „Durchdringung von Geheimdiensten und Organisationen fremder Staaten“ widmen. Desweiteren erhielt der Dienst das Recht, auch ohne richterlichen Beschluß ausländische Firmen in Rußland durchsuchen und deren Geschäftsunterlagen beschlagnahmen zu können. Nicht zuletzt wurden Beamte und öffentliche Angestellte verpflichtet, nach „Westreisen“ Berichte über Gesprächskontakte beim

FSB zur Auswertung einzureichen.[28] Nach Erkenntnissen des Verfassungsschutzes habe der FSB außerdem die ausdrückliche Befugnis erhalten, Wirtschaftsspionage auch im Ausland zu betreiben. „Operative Ansatzpunkte dafür", so der Berliner Verfassungsschutzbericht von 1995, „sucht der Dienst bei ausländischen Geschäftsreisenden und Firmenrepräsentanten, die in Rußland tätig sind."[29]

Auch der Bundesnachrichtendienst warnt in einer internen Sicherheitsanalyse vor den Aktivitäten des FSB, bei dem die Pullacher „einen Trend zur Rückkehr zu den Überwachungsmethoden des ehemaligen KGB" zu erkennen glauben. Nach BND-Erkenntnissen versucht der FSB zunehmend, ausländische Geschäftsleute als Quelle für die russische Gegenspionage anzuwerben. Insbesondere werde der Telefon- und Faxverkehr deutscher Manager in Moskau vom FSB überwacht, so der BND. Dabei observieren die FSB-Agenten nahezu alle großen Hotels in Moskau, die als Treffpunkte der internationalen Business-Szene gelten.[30]

Mit den ihm direkt unterstellten Diensten - der Präsidialgarde SPB, dem Abhördienst FAPSI, dem Inlandsgeheimdienst FSB und der Auswertungsabteilung des früheren KGB, der Agentur AFB – hat sich der Kreml-Chef einen Informationsapparat geschaffen, der ihm den nötigen Rückhalt im oft undurchsichtigen Moskauer Machtkampf gibt. Durch gezieltes Einsetzen von Insiderwissen kann er Intrigen steuern, durch kalkulierte Herausgabe von intern erlangten Wirtschafts- und Firmendaten ausgewählte Unternehmen protegieren und damit abhängig machen.

Eine wichtige Rolle spielt dabei Oleg Lobow. Lobow mußte im Wahlkampf 1995 als Sekretär des Sicherheitsrates dem russischen General Alexander Lebed weichen. Ein taktisches Manöver, denn Jelzin brauchte für seine Wiederwahl die Unterstützung des angesehenen Generals.

Außerdem machte Jelzin diesen Schachzug, um den ihm treu ergebenen Lobow auf eine wichtige Position zu setzen - der damals 58jährige wurde Erster Vize-Premier für Industriepolitik und damit einer der Anwärter auf das Ministerpräsidentenamt bei einem möglichen Regierungswechsel.

In der neuen Funktion hatte Lobow Zuständigkeiten für den militärisch-industriellen Komplex, die Konversion und die sogenannten Finanz-Industriellen Gruppen (FIG) erhalten. Die FIG sind Konglomerate aus Banken und Großunternehmen, die in Rußland zunehmend wirtschaftlichen Einfluß gewinnen. 1996 waren bereits 30 solcher Gruppen registriert. Da Lobow auch dem Rat für Wirtschaftspolitik und der Regierungskommission für operative Fragen vorstand, gehörte er – ganz im Sinne Jelzins – zu den wichtigen „Anwendern" der von der russischen Wirtschaftsspionage gewonnenen Erkenntnisse.

Jelzins Strategie beim Aufbau seines privaten Nachrichtendienst-Imperiums ist offenbar mit den Amerikanern abgestimmt. „Nach unseren Erkenntnissen pflegt der Dienst des russischen Präsidenten eine partielle Zusammenarbeit mit dem amerikanischen Geheimdienst NSA", sagt Erich Schmidt-Eenboom, Leiter des Forschungsinstituts für Friedenspolitik im oberbayrischen Weilheim. „Das führt in Einzelfällen zu abgestimmten gemeinsamen Operationen, aber auch zum Informationsaustausch.

Bemerkenswert ist in diesem Zusammenhang, daß die NSA in begrenztem Umfang die FAPSI-Lauschstation in der Ukraine mitnutzen darf." Schmidt-Eenboom führt die Kontakte zwischen den Geheimdiensten der USA und Rußlands auf die frühere Unterstützung Jelzins durch die US-Dienste zurück. „Schon vor dem Putsch gegen Gorbatschow 1991 ist Jelzin von CIA und NSA mit Informationen gespeist worden."[31]

## Hilfe aus den USA

Daß es nicht nur eine punktuelle Zusammenarbeit zwischen den einst verfeindeten Geheimdiensten gibt, sondern daß die Amerikaner auch kräftig mitmischen, wenn es um die Politik des Kreml geht – das machte die Wahl des russischen Präsidenten im Juli 1996 deutlich. Als Boris Jelzin, der Mann Washingtons, im Februar 1996 bei Umfragen kaum die Fünf-Prozent-Hürde schaffte und seine Wiederwahl so gut wie aussichtslos schien, übernahmen wahlkampfgestählte Profis aus den Staaten das Zepter. Sie erklärten dem herzkranken Jelzin, was er wie zu sagen habe und schrieben ihm vor, wie er aussehen und sich bewegen müsse. Mit amerikanischer Show-Hilfe und einem, zum Teil aus dunklen Quellen stammenden Wahlkampf-Budget von einer halben Milliarde Dollar schaffte Jelzin die nicht erwartete Wiederwahl.

Doch für welchen Preis? Noch vor dem zweiten entscheidenden Wahlgang am 3. Juli 1996 übernahm Jelzins Stabschef und Wahlkampfleiter Anatoli Tschubais die Fäden der Macht. Der sichtlich in Agonie gefallene Jelzin ließ sich von ihm die Hand führen bei der Entlassung seines zu mächtig gewordenen Beraterstabes: Sein treuer Leibwächter und Chef des Präsidialgeheimdienstes SPB, Alexander Korshakow, der Präsident des Inlandsgeheimdienstes FSB, Michail Barsukow, Vizepremier Oleg Soskowez, der dem militärisch-industriellen Komplex vorstand, und – im Oktober 1996 – Sicherheitsberater Alexander Lebed, der Jelzin die Wiederwahl gerettet hatte - sie alle wurden in die Wüste geschickt.

Tschubais' Aufstieg war damit aber noch nicht zu Ende. Im Februar 1997, nach monatelangem Dahindämmern in einer Moskauer Klinik, demonstrierte der scheinbar genesene Jelzin Regierungswillen und krempelte das Kabinett Tschernomyrdins kräftig um. Doch es waren dabei vor allem Tschubais'

Vorschläge, die er befolgte. Tschubais, Ex-Minister und knallharter Wirtschaftsreformer, war über sein Konzept einer marktwirtschaftlichen Umstrukturierung des Riesenreiches schon einmal ins Straucheln geraten. Sein Crash-Kurs hatte ihm zwar in der Bevölkerung Ablehnung, im Westen aber Anerkennung verschafft. Und das ist wohl der Hauptgrund dafür, daß Tschubais eine zweite Chance bekam und jetzt einen erneuten Anlauf unternimmt, Rußland den Vorstellungen der Amerikaner und der Weltbank gemäß umzubauen. Und das tut er auf dem wohl einflußreichsten Posten in Moskau - dem des Vizepremiers.

Ein mächtiger Posten deshalb, weil Tschubais' Vorgesetzter, Premier Tschernomyrdin, ihm wohl keine Knüppel zwischen die Beine werfen wird - nicht nur, daß dessen Ansehen in der Bevölkerung und im Westen wegen seiner verfehlten Wirtschafts- und Sozialpolitik gesunken ist. Tschernomyrdin weiß, daß er den Posten des Premiers im Februar 1997 nur behalten konnte, weil Jelzin eine komplette Abberufung des Kabinetts ohne Zustimmung der ihm feindlich gesonnenen Duma nicht durchbekommen hätte. Der umtriebige Tschernomyrdin ist ein Premier auf Zeit – und von Tschubais' Gnaden.

Tschubais, das steht fest, ist der Mann in Moskau, auf den der Westen und vor allem die Amerikaner setzen. Als Minister für Staatsvermögen leitete er erfolgreich eine Reihe von Staatsbetrieben in private Hände über. Diese Arbeit und seine Geschmeidigkeit im Umgang mit westlichen Geschäftsleuten und Lobbyisten brachte ihm viel Ansehen in der internationalen Finanz- und Businesswelt ein.

Da wundert es nicht, daß nach den „Kreml-Säuberungen" vom Sommer und Herbst 1996 einflußreiche russische Geheimdienstkreise den ungeliebten Tschubais als „Verräter" attackierten. Er soll der Moskauer US-Botschaft eine interne Mitteilung der russischen Spionageabwehr über einen angeblichen US-Agenten in Jelzins Umfeld weitergereicht haben, hieß es. Diese Mitteilung habe schließlich zur Enttarnung des Moskauer Top-Spions Aldrich Ames, der bis 1994 beim CIA plaziert war und jetzt eine lebenslange Haftstrafe absitzt, beigetragen.[32]

Doch gleich, ob Tschubais ein CIA-Agent ist oder nicht – die amerikanischen Dienste „begleiten" schon seit Jahren den Umwälzungsprozeß in Rußland. Schließlich geht es um handfeste Interessen der USA: 10 000 Amerikaner leben in Moskau, rund 700 US-Firmen haben sich dort angesiedelt, in 60 Kanzleien bieten in den Staaten ausgebildete Anwälte und Steuerberater ihre Dienste an. 1,35 Milliarden Dollar sind zwischen 1991 und 1995 in Moskau investiert worden; Deutschland brachte es im Vergleich 1995 auf gerade mal 150 Millionen Mark. Über die Wahrung amerikanischer Interessen an der Moskwa wachen rund 100 Diplomaten. Eine US-Werbeagentur managte 1995 den Parlaments-Wahlkampf der Partei „Unser Haus Rußland" von Premier Wiktor Tschernomyrdin. Und das Russisch-Amerikanische Informations- und Pressezentrum Rapic bringt russischen Journalisten bei, was „gegenseitige Beeinflussung von politischen Kampagnen und Informationen" bedeutet, wie es Rapic-Chef Anthony Salvia dem SPIEGEL verriet.[33]

Die russischen Geheimdienste betrachten besorgt, aber hilflos den Vormarsch der Amerikaner. Mit regelrechten Einkaufslisten grasten Headhunter aus den USA das Land ab und sicherten sich hochspezialisierte Fachkräfte aus den Zentren der Weltraum- und Waffentechnik, klagen die russischen Dienste. Alles, was die Sicherheit des Landes garantiere, werde gekauft.

Daß die Situation in Rußland von den amerikanischen Geheimdiensten tatsächlich nicht tatenlos beobachtet wird, das hat der ehemalige CIA-Chef James Woolsey im Februar

1993 vor dem für die Nachrichtendienste zuständigen Senatsausschuß in Washington anklingen lassen. Woolsey hatte berichtet, wie aufmerksam die CIA die Entwicklung in Rußland verfolge. Die CIA sei besorgt, daß eine leichtfertige Finanz- und Geldpolitik, die darauf abziele, die Schmerzen der Reform zu lindern, Rußland erneut an den Rand einer „Hyperinflation" bringen könne. Sollte diese kritische Grenze überschritten werden, dann drohten der Demokratie in Rußland zerstörerische Folgen, warnte der CIA-Chef.

## Der neue Job der KGB-Pensionäre

Zu den wichtigsten Quellen der amerikanischen Wirtschaftsspionage gegen Rußland gehören private Sicherheitsfirmen und Unternehmensberatungen, die in den letzten Jahren in großem Stil von ehemaligen Geheimdienstlern gegründet wurden. Eines der bedeutendsten US-Unternehmen hierbei ist die PARVUS Company, ein kleines, 1983 gegründetes Beratungsunternehmen. Gründer der PARVUS ist der frühere stellvertretender Direktor des US-Abhördienstes National Security Agency (NSA), Gerard P. Burke. Die PARVUS offeriert professionelle Beratung in allen Sicherheitsfragen und bietet Hilfe für die Abwehr von Wirtschaftsspionage - ein Angebot, das zunehmend von amerikanischen Unternehmen geschätzt und angenommen wird.

Aber wohl auch von den amerikanischen Geheimdiensten, die einen „lockeren Informationsaustausch" mit ihren pensionierten Kollegen pflegen. Und so werden sie auch mit Freude den Besuch Burkes in Moskau 1992 registriert haben, der sich in der Höhle des Löwen mit dem Chef einer Moskauer Unternehmensberatung zum Erfahrungsaustausch traf – Ex-KGB-General Juri Drosdow von der „Independent Marketing and Consulting Agency NAMACON".

Die Moskauer „NAMACON“ offeriert Unternehmensberatung und Hilfe bei Investitionsvorhaben in Rußland. Mit Drosdow steht an der Spitze des Unternehmens kein x-beliebiger Geheimdienst-Offizier, sondern eine „lebende Legende“ des alten KGB. Drosdow war bis 1992 Chef der Verwaltung „S“ des KGB, der illegalen Aufklärung. Unter seiner Leitung agierte eine Vielzahl von noch heute nicht enttarnten Agenten in den wichtigsten westlichen Industrienationen an prominenten Positionen. Drosdow selbst war jahrelang Resident in New York, China und Afghanistan. In Deutschland operierte er zwei Jahre lang als „Hauptkommissar Kleinert“ im Bundeskriminalamt und führte in den siebziger Jahren einen Top-Spion im Bundesnachrichtendienst, den 1995 eine Pullacher Sonderkommission – quasi posthum – vergeblich zu enttarnen versuchte.

Drosdow galt in der Breshnew-Ära als enger Vertrauter von Juri Andropow. Auch später, unter Gorbatschow, hatte der General großen politischen Einfluß in Moskau. Nach der deutschen Vereinigung beherbergte Drosdow eine Zeitlang seinen Freund Markus Wolf, den früheren Chef der Stasi-Hauptverwaltung Aufklärung. Wolf hatte sich im Herbst 1990 zunächst nach Moskau und dann nach Wien abgesetzt, um den bundesdeutschen Strafverfolgungsbehörden zu entgehen.

Heute berät Drosdow aber nicht nur westliche Firmen, die in Moskau Fuß fassen wollen, er vertritt auch russische Firmen, die einst zum militärisch-industriellen Komplex der Sowjetunion gehörten und inzwischen privatisiert wurden. Für diese Firmen will Drosdow vor allem in Deutschland Partner finden, die an Joint-ventures mit den russischen Spezialisten interessiert sind. In seiner Firma „NAMACON“ beschäftigt Drosdow hochrangige ehemalige Mitstreiter aus dem KGB. Durchweg Spezialisten, die mit dem Ausspähen von Firmen und Geschäftsleuten Erfahrung haben. Sein amerikanischer

Ex-Kollege Burke sieht darin aber keine Gefahr für westliche Unternehmen, die sich Drosdows Leuten anvertrauen. Zwar wisse er, daß die russischen Nachfolgedienste des KGB sich auf die Wirtschaftsspionage konzentrierten. Aber ausgeschiedenen KGB-Geheimdienstlern wie Drosdow ginge es doch nur ums Geldverdienen, wenn sie westlichen Firmen durch den Dschungel der russischen Bürokratie hülfen.[34]

In Rußland gibt es neben der NAMACON noch eine ganze Reihe weiterer Sicherheits- und Beratungsfirmen, die von ehemaligen KGB-Kadern geleitet werden. So zum Beispiel das Moskauer Unternehmen „Association for Business Security" (ABS), das bei westlichen Firmen einen guten Ruf hat. Nicht nur, daß der Sicherheitsdienst Personenschutz anbietet, um den Managern aus dem Westen die Mafia vom Leibe zu halten. Die Spezialisten der ABS, durchweg ehemalige Angehörige des KGB, sind auch in der Lage, Wanzen in Büros aufzuspüren und „undichte Stellen" in den Firmenniederlassungen zu enttarnen. „Was unsere westlichen Auftraggeber an uns aber auch sehr schätzen, sind unsere Zugangsmöglichkeiten zum Regierungs- und Behördenapparat", rühmte sich ABS-Chef Victor Budanow 1994 in der britischen Zeitschrift „European".

Kein Wunder – Victor Budanow ist bis Anfang der 90er Jahre Chef der Gegenspionage in der KGB-Verwaltung Wissenschaft und Technik gewesen. Zusammen mit anderen Ex-Kollegen aus dem russischen Geheimdienst baute er nach seinem Ausscheiden aus dem aktiven Dienst die ABS auf, die mittlerweile über ein landesweites Netz von Mitarbeitern verfügt. Fast durchweg Männer und Frauen mit Geheimdiensterfahrung, die für ihre Auftraggeber aus der westlichen Wirtschaft fast jeden Wunsch zu erfüllen vermögen.

Die ABS, so sagt es Budanow, arbeitet inzwischen für drei Viertel aller in Moskau ansässigen Westfirmen. Insbesondere

Unternehmen aus Großbritannien, Deutschland, Italien, Spanien und Frankreich haben sich die Dienste der KGB-Pensionäre gesichert. Zu den Auftraggebern gehören laut Budanow die Dresdner Bank und der Zigarettenkonzern BAT.

Auch ein „Sozialklub" ehemaliger KGB-Mitarbeiter preist neuerdings seine Dienste im Sicherheitsgewerbe an. Der Klub, 1993 gegründet, wird geleitet von Waleri Welishko, ehemaliger Oberst in der KGB-Abteilung für Regierungssicherheit. Der Klub berät russische und ausländische Unternehmen und führt für diese auch Spionage durch, gibt Welishko zu. Dazu habe der Klub extra eine „Abteilung für Wirtschaftsspionage" gegründet.[35]

Insgesamt haben seit 1991 siebzig Prozent der ranghohen KGB-Offiziere den Dienst verlassen und sind in die Dienste kommerziellen Sicherheitsfirmen eingetreten. Dazu gehört auch Leonid Schebarshin, der frühere KGB-Chef, der jetzt in der Russian Association of Commercial Structures arbeitet.[36]

Die westlichen Abwehrdienste betrachten die Sorglosigkeit, mit der sich Firmen ihrer Länder in die Hände solcher Leute wie Drosdow, Budanow und Welischko begeben, mit Sorge. Sie gehen davon aus, daß die früheren KGB-Offiziere nach wie vor enge Beziehungen zu den neuen russischen Aufklärungsdiensten unterhalten.

## Königsberger Service

Die Sicherheitsexperten im Westen beobachten, daß die Russen zunehmend zu den klassischen Spionagemethoden zurückkehren. Dazu gehört auch das „Kultivieren" von Kontaktpersonen, das ein Fachmann so beschreibt: „Man tut ihnen schön, man lädt sie ein, man schafft ein Vertrauensverhältnis, und irgendwann besteht eine Verbindung, die nicht mehr legal ist. Irgendwann muß der Umworbene eine Gegenleistung bringen, und dann rutscht man leicht über die Grenze zwischen zulässigem Gedankenaustausch und verräterischer Information hinaus."[37]

Doch auch „operative Ansatzpunkte" anderer Art werden von russischen Geheimdiensten eingesetzt. Nach Erkenntnissen des Verfassungsschutzes arbeitet der FSB zunehmend mit kompromittierendem Material, um westliche Geschäftsleute zur Zusammenarbeit zu bewegen. Eine Taktik, die auch von deutsch-russischen Privatfirmen übernommen wird, die über einschlägige Beziehungen zum russischen Geheimdienst verfügen.

Zu einer Art Goldgräberland ist eine kleine Exklave zwischen der polnischen und litauischen Grenze geworden. Seit Juli 1992 lockt das russische Königsberg mit großzügigen Zoll- und Steuererleichterungen Investoren aus den Anrainerstaaten der Ostsee an. Die „Freie Wirtschaftszone Jantar" bietet dabei vor allem Unternehmern aus Deutschland, die sich auf ein Joint-venture mit russischen Partnern einlassen, ein „Hongkong der Ostsee" – fünf Jahre Steuerbefreiung, danach ein Spitzensteuersatz von acht Prozent, Mietvergünstigungen für Büros und Wohnungen, Transferierung von Gewinnen ins Ausland, Zollbefreiung und, und, und...

Ein Angebot, das von deutschen Geschäftsleuten zunehmend wahrgenommen wird. Damit sie sicher alle Klippen der russischen Bürokratie umschiffen können, bieten eine Vielzahl von Königsberger Firmen ihre Dienste als Unternehmensberater an. Eine von ihnen ist das Unternehmen Kaiserbau. Die Firma in der Sergejewa Uliza ist selbst ein Joint-venture. Der Thüringer Walter T. und Pjotr K. aus Moskau hatten Anfang der neunziger Jahre die Idee, eine gemeinsame Firma zu gründen. Offenbar einte die Geschäftsleute die jahrzehntelange Kampferfahrung an der unsichtbaren Front: T. war in

Erfurt Chef der dortigen „Verwaltung 2000“, der berüchtigten Stasi-Überwachungseinheit in der NVA und K. sicherte von der Moskauer KGB-Zentrale aus den Aufbau des Sozialismus.

Ihre geheimdienstliche Erfahrung nutzen die Kaiserbau-Besitzer jetzt für sich und ihre Freunde, die noch im aktiven Dienst der Moskauer Wirtschaftsspionage arbeiten. So vermittelt die Kaiserbau deutschen Investoren, die sich ihnen anvertrauen, Gesprächstermine bei Bürgermeistern, einflußreichen Kommunalpolitikern, Bankiers und Anwälten, ja sogar beim Königsberger Geheimdienst-Chef, General Rashinski, wenn es sein muß.

Auch bei der Abfertigung an der polnisch-russischen Grenze beeindruckt der lange Arm der Firma. An den oft kilometerlangen Schlangen der Fahrzeuge werden die deutschen Joint-venture-Partner vorbeigewunken, am Schlagbaum salutiert der Zöllner und läßt anstandslos passieren. Und am Abend, nach kräftezehrenden Verhandlungen, bietet man den Gästen aus Deutschland Bar-Vergnügen mit Sekt und Kaviar. Mit am Tisch sitzen attraktive junge Damen, deren Unterhaltungstalente einst schon das KGB einsetzte.

Für soviel Service erwartet die Kaiserbau natürlich Entgegenkommen: Die Verhandlungen über Joint-ventures mit russischen Partnern müssen erfolgreich zu Ende gebracht werden. Zieren sich die Deutschen, wird schon mal ein Video präsentiert, das die Widerspenstigen in eindeutigen Situationen mit ihren Barbekanntschaften zeigt – wie im Agentenfilm.

Dabei sind die Ansprüche der Russen gar nicht so groß. Um rentable Geschäfte mit den deutschen Partnern in einem gemeinsamen Unternehmen geht es nämlich weniger. Viel wichtiger ist, daß die neue Firma eine Niederlassung in Deutschland einrichtet. Das garantiert den russischen Angestellten des Joint-venture-Unternehmens, ohne viel Umstände nach Deutschland einzureisen und dort langfristige Aufenthaltsgenehmigungen zu erhalten. Für die schnelle Visabeschaffung in der Bundesrepublik ist gesorgt. Denn auch hier bewähren sich alte Verbindungen: Karl R., ehemaliger Agentenjäger der Stasi, reicht in Berlin die Liste mit den entsprechenden Namen an eine nahe Verwandte weiter. Sie arbeitet in der Außenstelle der russischen Botschaft Unter den Linden und erledigt die nötigen Formalitäten.

Auf diese Weise dringen Wirtschaftsspione und Agentenführer aus Rußland nahezu ungehindert nach Deutschland ein. Denn eine Übersicht, welche der immer zahlreicher werdenden deutsch-russischen Unternehmen vom Geheimdienst unterwandert sind, ist für die Abwehrbehörden der Bundesrepublik nur schwer zu erstellen.

Für die russischen „Geschäftsleute", die von der Kaiserbau im Geheimdienstauftrag an deutsche Partner vermittelt werden, ist die Agententätigkeit übrigens ein doppelt lohnendes Geschäft: Zum einen kassieren sie Erfolgshonorar von den Diensten, zum anderen teilen sie sich mit den deutschen Firmeninhabern die Fördergelder, die die Bundesregierung an gemischte Firmen vergibt – für ihr Engagement beim wirtschaftlichen Aufbau des ehemaligen Ostblocks.

## Zahlenkolonnen und tote Briefkästen

Doch die russischen Dienste können sich nicht nur auf ausgemusterte KGB-Offiziere und hilfreiche Mitarbeiter im eigenen Land stützen. Auch in Deutschland steht ihnen ein gut ausgebautes Agentennetz zur Verfügung.

Dabei verlief für die Russen die Umstellung auf die neuen Gegebenheiten eines vereinten Deutschlands auch nicht ohne Probleme. Mit der Auflösung der Operationsbasen in der ehemaligen DDR mußte ein völlig neues nachrichtendienstliches

Verbindungswesen aufgebaut werden. Dieser Umstellungsprozeß ist jedoch nach Überzeugung von Abwehrexperten inzwischen abgeschlossen. Das Meldesystem zwischen Führungsstelle und Spion ist den neuen Gegebenheiten angepaßt, Kurier- und Führungswege sind neu aufgebaut worden. Da die Agenten in Deutschland jetzt meist direkt aus Moskau geführt werden, kommen auch die alten, klassischen Spionagemethoden wieder zu Ehren: Tote Briefkästen werden gefüllt und geleert, über die allen Diensten bekannten Kurz- und Mittelwelle-Frequenzen jagen endlose Zahlenkolonnen durch den Äther, durchs Telefon werden verschlüsselte Informationen zerhackt überspielt. Nach Überzeugung deutscher Abwehrexperten rekrutieren sich die Agenten der russischen Dienste zunehmend aus Personen, die schon zu DDR-Zeiten in Ostdeutschland für KGB und GRU tätig waren. Diese Leute stellten „weiterhin ein bedeutsames nachrichtendienstliches Potential für die russischen Dienste dar".[38]

Die Erkenntnis der deutschen Spionagejäger hat auch schon Konsequenzen. Seit 1996 ermittelt die Bundesanwaltschaft gegen 50 Ost- und Westdeutsche, die im Verdacht stehen, für den KGB gearbeitet zu haben und dies möglicherweise noch heute tun. Dazu läßt sie systematisch das Stasi-Archiv nach Hinweisen auf Moskauer Agenten durchforsten.[39]

In der zweiten Hälfte der achtziger Jahre hatte der KGB verstärkt Agenten in der DDR und der Bundesrepublik geworben. Sie sollten zum einen die demokratische Umwälzung in der DDR gemäß der Gorbatschow´schen Perestroika befördern. Zum anderen bauten die Russen das Netz ihrer sogenannten „Schläfer" weiter aus. Das sind Agenten, die erst ab einem bestimmten Zeitpunkt aktiv für den Geheimdienst im Ausland tätig werden und bis dahin ein „normales" Leben führen.

Diese „Schläfer" sollten nach der deutschen Wiedervereinigung aktiviert werden, was – davon geht auch das Bundeskriminalamt in einer internen Studie von 1996 aus – inzwischen wohl geschehen ist. Die „aufgeweckten" Agenten beeinflussen jetzt im Rahmen ihrer Möglichkeiten wirtschaftliche und politische Entscheidungen in Moskaus Sinne. Darüber hinaus sind sie auch als feste Größe in der geheimdienstlich gesteuerten Wirtschaftsspionage eingesetzt.

Für den Berliner Verfassungsschutz-Chef Eduard Vermander ist die Gefahr, die von den russischen Diensten ausgeht, enorm. In einem Bericht des LfV für das Berliner Abgeordnetenhaus von 1997 heißt es, daß Rußland aufgrund seiner früheren Präsenz in der DDR und der langen Zusammenarbeit mit der Stasi und dem Militärischen Nachrichtendienst Ost-Berlins „über einen enormen, die Sicherheit Deutschlands tangierenden Fundus an personenbezogenen Informationen und damit an potentiellen Agenten" verfüge.[40]

Die Hoffnungen der Karlsruher Bundesanwälte, durch Hinweise in den Akten der Stasi-Abteilung VI auf noch aktive Agenten zu stoßen, dürfte aber ziemlich gering sein. Spione des KGB und der Militäraufklärung GRU, die zu Mauerzeiten an der Grenze avisiert wurden und deren Namen deshalb in den Archiven der für die Paßformalitäten zuständigen Stasi-Abteilung VI auftauchen könnten, gelten in Moskau - das ist bei Geheimdiensten nun einmal so - als „verbrannt".

Auf eine ganz andere, weitaus realere Gefahr machte da schon der polnische Geheimdienstexperte Jozef Darski aufmerksam. Er wies darauf hin, daß der KGB nicht nur in der DDR, sondern auch in anderen Ostblockstaaten durch seine Agenten dafür gesorgt hat, daß in der Zeit der Systemumwälzungen ganze Archive der Geheimdienste an die Moskauer Kollegen gingen oder in den „Privatbesitz" der zuständigen Offiziere wechselten. Darski ist sicher, daß es im ehemaligen Ostblock und in den westeuropäischen Staaten eine Fülle von Politikern, Parlamentariern und Unternehmern gibt, die mit den kompromittierenden Akten unter Druck gesetzt werden können.[41]

## Überläufer im KGB-Auftrag?

Eine Angst, die nach dem Zusammenbruch von SED und Stasi in der DDR auch die Bonner Bundesregierung umtrieb. Für die politische Führung in der Bundeshauptstadt war die Stasi ein Buch mit sieben Siegeln: Was wußte der Ost-Geheimdienst über bundesdeutsche Politiker und Geschäftsleute? Welche Spione in den Parteien drohten aufzufliegen? Welche Informationen und Akten lagerten in den Silos der Stasi? Was war dort über die Hintergründe der Barschel- und der Flick-Affäre, über Korruption und Vetternwirtschaft, über all die noch nicht geschriebenen Schmuddelgeschichten des politischen und wirtschaftlichen Establishments der Bundesrepublik bekannt?

Der Bundesnachrichtendienst wußte auf all diese Fragen keine Antwort. Zu selten war es ihm gelungen, in das Innere des Gegners einzudringen. Ein paar Überläufer Ende der siebziger, Anfang der achtziger Jahre, ein Schalck-Golodkowski, der über Strauß und Schäuble ab 1987 das eine oder andere brisante und aussagekräftige Dokument rüberreichte - mehr war da nicht.

Und so schickten Köln und Pullach noch im Dezember 1989, als die Entscheidung über die Auflösung der Stasi von der Modrow-Regierung gefällt war, die eigenen Leute in die Spur, um im Osten beim Ausverkauf der Stasi-Leute nicht den Anschluß zu verpassen. Mit Adressenlisten in der Tasche gingen die Schlapphüte-West Klinkenputzen bei den nun arbeitslosen Schlapphüten-Ost. Dabei kam es auch mal zu kuriosen Situationen. Als sich am Obersee in Berlin-Hohenschönhausen, dem Dorado leitender Stasi-Kader, zwei Abgesandte aus Köln und Pullach vor der selben Adresse trafen, kam es fast zum Streit, wer als erster klingeln darf. Letztlich räumten beide wutschnaubend das Feld.

So richtig erfolgreich waren die Stasi-Jäger von Rhein und Isar nicht. Meist stahlen ihnen amerikanische und französische „Einkäufer" die Show, die schneller und mit verlockenderen Angeboten – und vielleicht auch mit mehr Respekt – in den Wohnzimmern der einstigen Ost-Kollegen auftauchten.

Umso glücklicher war man in Köln und Pullach daher über die Überläufer, die „aus patriotischer Pflicht", wie viele von ihnen sagten, die Seite wechselten. Außer einem Schulterklopfen erhielten die Stasi-Offiziere von ihren neuen Kollegen in Pullach und Köln prallgefüllte Brieftaschen – bis zu 100 000 Mark ließen sich die West-Geheimdienstler das Wissen der übergelaufenen „Counter-Men" mit klangvollen Namen wie „Zuckerrübe", „Trosse", „Knickebein" und „Kardinal" kosten. Allein in den ersten Wochen nach dem Sturm auf die Stasi-Zentrale sprachen mehr als 20 hochrangige MfS-Mitarbeiter bei Verfassungsschutz und BND vor.[42]

Einige dieser Überläufer, waren bereits einige Zeit vorher in die Dienste des KGB eingetreten. So war ein ehemals hochrangiger Offizier der Stasi-Abteilung II, zuständig für Spionageabwehr, bereits Mitte der achtziger Jahre zum KGB gewechselt. Ab 1988 unternahm er auf Weisung des KGB und mit Moskaus Unterstützung gezielte Aktionen, die die auf Gorbatschow fixierten Reformkräfte in SED und Stasi stärken sollten. Zum Jahreswechsel 1989/90 gehörte er zu den ersten Stasi-Leuten, die beim Verfassungsschutz in Köln vorsprachen.

Auch Rainer Wiegand, Leiter der für die Überwachung von Ausländern in der DDR zuständigen Stasi-Abteilung II/7 („Arbeitsgruppe Ausländer"), war seit Ende der siebziger Jahre als Doppelagent für den KGB tätig, ohne daß Mielkes

Truppen etwas davon wußten. Wiegand, der im Sommer 1996 unter mysteriösen Umständen bei einem Verkehrsunfall in Portugal getötet wurde, hielt im Auftrag des KGB als „Botschaftsangehöriger der UdSSR“ namens A.G. Dombrowski den Kontakt zu einem Wiener Residenten des israelischen Geheimdienstes Mossad. Ende Dezember 1989 tauchte Wiegand plötzlich in Pullach auf, ausgerüstet mit mehreren Koffern, die Unterlagen aus seiner Abteilung enthielten. Vor allem die Stasi-Erkenntnisse zur internationalen Terroristen-Szene, deren Ostberliner Unterstützer jahrelang von Wiegands Leuten ausgespäht wurden, fanden das Interesse des BND.[43]

Und auch Willy Koch, stellvertretender Leiter der für die Überwachung und Koordinierung des Embargoschmuggels zuständigen Stasi-Abteilung XVIII/8, war 1989 vom „Bruderdienst“ KGB angeworben worden. Der damalige Verbindungsoffizier der VI. KGB-Verwaltung, Alexej Kulakow, hatte Koch zur Zusammenarbeit überredet und von ihm zwei Agenten, die für die Stasi im Waffenhandel tätig waren, übernommen. Koch wechselte im März 1990 zum BND – als „Gastgeschenk“ brachte er drei Handkoffer mit operativen Akten und Dossiers seiner Abteilung und insgesamt 70 Disketten mit nach Pullach.[44]

Diese Unterlagen beinhalteten die operativen Verbindungen der Stasi-Abteilung XVIII/8, die von der Abteilung geführten Quellen im Westen, die genaue Schilderung der Banken- und Transportwege, über die der geheimdienstlich gesteuerte Embargoschmuggel westlicher Unternehmen abgewickelt wurde sowie eine Vielzahl weiterer Informationen. Die Koch-Unterlagen waren offenbar so brisant, daß selbst das Bundeskanzleramt vom BND erst sechs Jahre später über die tatsächliche Dimension des Materials unterrichtet wurde.[45]

Ob das Überlaufen der KGB/MfS-Doppelagenten nun mit Wissen des sowjetischen Geheimdienstes, gar in dessem Auftrag geschah oder nicht - in Moskau wird man in jedem Fall mit Befriedigung registriert haben, wie schockiert der Westen auf das Ausmaß der Spionagetätigkeit der Stasi und das Heer seiner Helfershelfer in der Bundesrepublik reagierte.

## Werthebachs Mißgriff

Tatsächlich wuchs in Bonn eine neue Angst vor den Russen. Denn auch wenn es gelänge, das Schweigen der Stasi-Offiziere mit Steuergeldern und internen Zugeständnissen für eine spätere eingeschränkte Strafverfolgung zu erkaufen, war das nur die halbe Miete. Man wußte, daß die Russen bergeweise MfS-Akten nach dem Beschluß zur Stasi-Auflösung erhalten hatten. Wie aber sollte man den KGB dazu bringen, das Material unbenutzt an Bonn zu übergeben? Noch dazu, da es jetzt, nach der deutschen Vereinigung, galt, auch dem KGB klarzumachen, daß er seine Zelte in der DDR abzubrechen habe.

Der Mann, der diese delikate Aufgabe zu lösen hatte, war Eckart Werthebach, ein Abteilungsleiter aus dem Bundesinnenministerium, der sich schon frühzeitig mit scharfsinnigen Beiträgen über die Spionage in Fachpublikationen hervorgetan hatte.[46]

Werthebach wurde nach der Volkskammerwahl am 18. März 1990 und der Inthronisierung der letzten DDR-Regierung unter Lothar de Maiziere (CDU) nach Ostberlin abkommandiert. Dort sollte er als Berater für de Maizieres Innenminister, Peter-Michael Diestel, tätig werden. Damit unterstützte er Staatssekretär Hans Neusel aus dem Bundesinnenministerium, der ebenfalls von seinem Dienstherrn Schäuble ins Diestel-Ministerium abkommandiert wurde – wenn auch nur immer zwei, drei Tage die Woche.

Die Bezeichnung Berater ist in Werthebachs Fall allerdings eine Untertreibung. Werthebach nahm Einfluß auf die Zusammensetzung des Stasi-Auflösungskomitees, er knüpfte über die Abwicklerin der Stasi-Bezirksverwaltung Frankfurt/Oder Verbindungen mit MfS-Offizieren und setzte die Dame auf den russischen KGB-Residenten in der Oderstadt an.[47] Er koordinierte und überwachte die „Aktion Rosenholz“, die größte westdeutsche Geheimdienstoperation nach dem Krieg. Dabei wurden Stasi-Akten, die belastende Informationen über bundesdeutsche Politiker und Persönlichkeiten enthielten, von Verfassungsschützern aus den MfS-Archiven geholt, in den Westen geschafft und jahrelang ausgewertet.[48]

Sein Hauptaugenmerk aber galt der KGB-Residentur in Berlin-Karlshorst. Von hier aus steuerte der damals noch sowjetische Geheimdienst sein Agentennetz beiderseits der Elbe. Von hier wurde die Sondereinheit „Luch“ gelenkt, die seit 1987 versucht hatte, über Einflußagenten die Wende in der DDR hin zu einem demokratischen Sozialismus nach Vorbild der Perestroika zu initiieren.

Hierhin hatte sich am 15. Januar 1990 auch eine dreiköpfige „Interims-Regierung“ der Stasi verzogen, die aus sicherer Entfernung die Geschehnisse in der Normannenstraße beobachten und - wenn möglich - beeinflussen sollte. An jenem Tag wurde im Anschluß an eine friedliche Anti-Stasi-Demonstration die Berliner MfS-Zentrale in der Lichtenberger Normannenstraße von Tausenden Menschen gestürmt. Ein offenbar geplantes Ereignis – alle MfS-Mitarbeiter wurden bereits Stunden vor der Demonstration nach Hause geschickt, wichtige Dokumente ausgelagert.

In Karlshorst ließen sich drei Stasi-Generäle über die Geschehnisse in Lichtenberg auf dem laufenden halten: Gerhard Niebling, Leiter der mit dem Häftlingsfreikauf und Ausreiseangelegenheiten befaßten Zentralen Koordinierungsgruppe

(ZKG), Günter Möller, Kaderchef der Stasi, Edgar Braun, als Chef der Hauptabteilung XIX für die „Sicherung des Verkehrswesens“ und damit die logistische Umsetzung des Rettungsszenarios der Stasi zuständig. Niebling und Braun waren noch Anfang Dezember 1989 hohe Führungspositionen in einem künftigen DDR-Verfassungsschutz zugedacht worden.

Nachdem sich die Verfassungsschutz-Pläne der Stasi aber zerschlagen und die Auflösung des MfS beschlossen worden war, übernahm Edgar Braun eine Sondergruppe des Staatlichen Auflösungskomitees. Aktiv wurde diese Gruppe jedoch erst, nachdem die Regierung de Maiziere im Amt war. Innenminister Diestel erklärte die MfS-Auflösung zur Chefsache und entzog damit den Bürgerkomitees – ganz im Sinne seiner Bonner Berater – jede Kontrollmöglichkeit.

Die Aufgabe der Braun-Gruppe bestand darin, brisante Stasi-Akten für die Bundesregierung auszusondern und deren Transport Richtung Köln und Pullach abzusichern. Gleichzeitig sollte Stasi-General Braun als Schaltstation zu den noch aktiven MfS-Führungskräften verhindern, daß delikate Enthüllungen an die Presse gelangen und desillusionierte Ex-Stasimitarbeiter sich im Untergrund reorganisieren. Als Gegenleistung hatte Bundesinnenminister Schäuble eine Amnestie-Regelung der Bundesregierung für Stasi-Mitarbeiter und -Agenten in Aussicht gestellt.[49]

Jener Edgar Braun war es auch, der Monate nach seinem geheimen Kommandoeinsatz beim KGB in Karlshorst das erste „Gipfeltreffen“ zwischen russischen Geheimdienstlern und bundesdeutschen Regierungsbeamten zustande brachte. Gewünscht hatten sich das Schäubles Innen-Staatssekretär Hans Neusel, der damalige BfV-Chef Gerhard Boeden und Eckart Werthebach, als sie das erste Mal mit DDR-Innenminister Diestel zu einem „Arbeitsgespräch“ zusammenkamen. Schon beim nächsten Treff konnte Diestel dank Brauns

Beziehungen seine Bonner Gäste erfreuen und präsentierte der Männerrunde zwei Russen: Anatoli Nowikow, damals Leiter der Karlshorster KGB-Residentur, und dessen Stellvertreter Wladimir Lissin.

Eckart Werthebach hatte es damals vor allem Wladimir Lissin angetan. Lissin war seit Jahren KGB-Spezialist für Spionage-Operationen gegen die Bundesrepublik und hatte sich 1990/91 um die Unterbringung des früheren Stasi-Spionagechefs Markus Wolf in Moskau gekümmert, als dieser vor der deutschen Justiz ins Ausland geflohen war. So einen Mann wünschte sich der ehrgeizige Werthebach als Informationsquelle, um vor seinen Auftraggebern in Bonn Erfolg vorzuweisen. Edgar Braun erfüllte ihm den Wunsch. Schließlich kannte er Lissin schon seit einigen Jahren – der KGB-Resident wohnte Braun gegenüber in der Karlshorster Waldowallee.

Lissin traf sich ein paarmal mit Werthebach, der sich glücklich schätzte, mit Lissin eine – wie er meinte und nach Bonn meldete – kompetente Quelle an Land gezogen zu haben. Offenbar gefielen Werthebach die Gespräche mit seinem russischen Kontaktmann so gut, daß er die Treffen zunächst auch noch nach der deutschen Vereinigung am 3. Oktober 1990 fortführte.[50] Mit Freude registrierte er später, daß „sein Mann" Lissin sich geschäftlich engagieren wollte und 1992 in ein undurchsichtiges Firmennetz ehemaliger Waffenhändler der Stasi und des iranischen Geheimdienstes eintrat, das auf einem heruntergekommenen Industriegelände in Berlin-Karlshorst, unweit der eingangs beschriebenen FAPSI-Abhörstation, zu finden ist.

Doch zu diesem Zeitpunkt war Werthebach schon längst zum Präsidenten des Verfassungsschutzes aufgestiegen. Zu seinen Hauptaufgaben zählte nun die Überwachung des zwischen Bonn und Moskau beschlossenen Abzugs der KGB-

Truppen und GUS-Streitkräfte aus Deutschland. Die Bundesregierung hatte sich dabei auf weitgehende, auch finanzielle Zugeständnisse eingelassen – zum einen, um einen reibungslosen Abzug der GUS-Truppen zu gewährleisten. Zum anderen hoffte sie, den KGB gnädig zu stimmen, damit dieser endlich wie gewünscht die in Moskau befindlichen Stasi-Akten an Bonn aushändige.

Letzteres war auch Gegenstand eines Geheimtreffens zwischen dem damaligen Bundesinnenminister Wolfgang Schäuble und dem KGB-Chef Wladimir Krjutschkow am 10. April 1991 in Berlin. An dem Treffen im Japanisch-Deutschen Zentrum in der Tiergartenstraße 24 nahmen auch Anatoli Nowikow, Chef der Karlshorster KGB-Residentur, Innenstaatssekretär Hans Neusel und BfV-Präsident Eckart Werthebach teil. Bei diesem Gespräch erinnerte Schäuble seinen prominenten Gegenüber noch einmal an die Bitten Bonns, die brisanten Stasi-Akten aus den Moskauer Archiven an die Deutschen zu übergeben.[51] Was die Deutschen den Russen bei diesem Gespräch als Gegenleistung für ein Entgegenkommen anboten, ist nicht überliefert. Möglicherweise aber sicherten sie den Russen eine störungsfreie Abwicklung ihrer Residenturen in Ostdeutschland zu.

Sollte dies der Fall gewesen sein, haben sich die Deutschen aus Furcht vor kompromittierendem Stasi-Wissen auf einen folgenschweren Deal eingelassen. Denn wie die GUS-Truppen, die ihren von deutschen Sicherheitsbehörden ungestörten Abzug zum Aufbau eines mafiösen Firmennetzes in Deutschland nutzten, haben auch die KGB-Strategen diese faktische Bonner Einladung zum problemlosen Aufbau neuer Spionageringe gern angenommen. Die Regisseure aus Karlshorst haben ihre Arbeit so gut gemacht, daß sie nach ihrer Rückkehr an die Moskwa hohe Posten im Auslandsaufklärungsdienst SWR erhielten: General Anatoli Nowikow wurde zum Leiter der für Abwehr und Gegenspionage zuständigen Verwaltung „K", Oberst Wladimir Sawershinski, bis Anfang der 90er Jahre Nowikows rechte Hand in Karlshorst, leitet die Abteilung „S", die für den weltweiten Einsatz besonders getarnter Agenten zuständig ist.

Werthebachs Hoffnungen, die vom KGB in Karlshorst gesteuerten Aktivitäten der russischen Geheimdienste Anfang der 90er Jahre durch seinen „Vertrauensmann" Lissin wenn schon nicht verhindern, so doch wenigstens unter Kontrolle halten zu können, erwiesen sich als trügerisch. Lissin wurde schon bald nach Moskau zurückbeordert.

Hatte Lissin als Doppelagent gearbeitet, der sich im Moskauer Auftrag von der deutschen Seite anwerben ließ und gezielte Desinformationen an den Rhein gab? Diese Ahnung muß auch den damaligen BfV-Chef Eckart Werthebach befallen haben. Wie sonst ist sein hysterisches Agieren Anfang 1995 zu erklären: Zunächst bürstete er in rüdem Ton seinen Moskauer Amtskollegen Stepashin bei dessen Besuch wegen anhaltender russischer Spionage in Deutschland ab, dann übergab er dem Kanzleramt eine Liste von 165 angeblichen russischen Spionen, die aus Deutschland ausgewiesen werden müßten – eine Aktion, die in internationalen diplomatischen Kreisen wegen ihrer Einmaligkeit Kopfschütteln auslöste.[52]

Ganz oben auf der Liste steht der Name von Wladimir Lissin. Gegen den Russen existiert in Deutschland ein Haftbefehl des Bundesgerichtshofes. Der Vorwurf – Spionage.

Rußland antwortete auf Werthebachs Liste außerordentlich verärgert. Der deutschen Seite gaben die Russen ihre Verwunderung über den Kölner Verfassungsschutzchef zur Kenntnis, mit dem man doch Anfang der neunziger Jahre noch so gut zusammengearbeitet hätte. Bonn verstand den Wink aus Moskau und lobte Werthebach vom BfV-Präsidentenstuhl weg auf einen Staatssekretärsposten im Bundesinnenministerium – die geplante Versetzung an die Spitze des Bundesnachrichtendienstes wollte man den sensiblen Russen nicht zumuten.

Denn auch Bernd Schmidbauer, Geheimdienstkoordinator im Kanzleramt, bekam die Antipathie der russischen Geheimdienstler zu spüren. Durch eine Desinformation aus Moskau sollte Kohls „008“ in die Nähe der Stasi gerückt werden, die sich angeblich in früheren Zeiten an Schmidbauer bei dessen DDR-Reisen als Umweltstaatssekretär herangemacht habe. Wenn das stimmt, hat die Hauptverwaltung Aufklärung (HVA) sicher eine „Akte Schmidbauer“ geführt. Ob die wie viele andere HVA-Akten vernichtet ist oder in Moskau liegt, bleibt – vorerst – offen.

Den nachhaltigsten Hieb aber versetzte der russische Dienst dem BND mit seiner Reaktion auf den angeblichen Plutoniumschmuggel aus Moskau nach Deutschland im August 1994. Der damalige SWR-Chef Primakow bezeichnete es kurz vor Weihnachten 1995 jedenfalls als Erfolg seines Dienstes, den „Versuchen einiger ausländischer Geheimdienste“ begegnet zu sein, Desinformationen über das „sogenannte unkontrollierte Abfließen nuklearer Rohstoffe aus Rußland“ zu verbreiten.

Ein Erfolg der Russen, der zwei Jahre lang den Plutonium-Untersuchungsausschuß des Bundestages beschäftigte.

# Die US Dienste – Economic warfare

Die Amerikaner griffen zum Äußersten: Wenn schon die Briefe von Präsident Clinton, Verteidigungsminister Perry und Mehrheitsführer im Senat, Dole, bei den starrköpfigen Deutschen nichts ausrichten, dann muß man eben einen Mann mit Überzeugungskraft an den Rhein schicken. John M. Deutch, der neue Chef des CIA, packte seinen Aktenkoffer.

Der Grund des Washingtoner Grollens im Juli 1995 war die Absichtserklärung Bonns, zusammen mit Frankreich zwei neue Spionagesatelliten zu entwickeln, die mit Beginn des nächsten Jahrtausends Deutschlands Blick auf die Welt schärfen sollen. Das jahrelange Werben der Franzosen um den deutschen Einstieg in die Himmelsspionage sollte der CIA-Chef Deutch nun doch noch durch ein besonderes Angebot unterlaufen: Deutschland könne einen militärischen Aufklärungssatelliten der Lockheed Martin Corp. für rund 600 Millionen Dollar erwerben - im Vergleich zu den geplanten Entwicklungskosten des deutsch-französischen Projektes in Höhe von zehn Milliarden Mark geradezu ein Schnäppchen.[1]

Doch Bonn blieb hart. Und machte dem Gast aus Washington, noch bevor er aus dem Flugzeug stieg, klar, daß dabei nicht nur europapolitische Rücksichten eine Rolle spielten.

Kohls Geheimdienstkoordinator Bernd Schmidbauer ließ vorab ausgewählte Presseorgane wissen, daß man dem Gast von der CIA die Leviten lesen werde. Fünf Jahre nach der deutschen Einheit wolle man nun Schluß machen mit den Sonderrechten amerikanischer Agenten in Deutschland. Der Kanzler habe ihn, Schmidbauer, beauftragt, mit Deutch zu klären, wieviele US-Agenten in Deutschland noch bleiben dürften.[2]

Zumindest für die Öffentlichkeit war dies erstmals ein deutliches Signal dafür, daß die deutschen Geheimdienste zaghafte Ansätze zeigten, sich gegen die Allmacht der US-Dienste zu wehren. Daß dies ausgerechnet im Konkurrenz-Streit um einen Spionagesatelliten passiert, hat mehr als nur symbolische Bedeutung.

Nach wie vor unterhalten amerikanische Dienststellen ein Netz von Abhöreinrichtungen in Deutschland, die den Daten-, Telefon- und Fax-Verkehr überwachen. Zwar ist dies durch den sogenannten UKUSA-Vertrag geregelt, doch ob die in diesem Abkommen festgeschriebenen Regeln der Auswertung und des Austausches der gewonnenen Informationen von den Amerikanern auch konsequent eingehalten werden, bezweifeln die Experten.

Aber nicht nur das verärgert die Deutschen. Sie sind sauer, daß sich die US-Agenten auch Jahre nach dem Fall der Mauer und der deutschen Vereinigung zwischen Rhein und Oder aufführen, als bewegten sie sich noch in einem besetzten Land. So hören die US-Dienste nach wie vor Politikertelefone in Bonn ab und führen Agenten in höchsten Regierungskreisen. Sicherheitsexperten schätzen, daß insgesamt 1000 Lauschtechniker und 100 US-Agenten auf deutschem Boden im Einsatz sind, allein in der Bonner US-Botschaft sollen 20 Geheimdienstler tätig sein.

Doch die US-Dienste in der Bundesrepublik widmen sich nicht nur deutschen Staatsbürgern. In ihrem Objekt „Westport“ in München betreibt die CIA eine sogenannte Befragungsstelle, von der Asylbewerber und Aussiedler zu Informationsgesprächen vorgeladen werden.[3]

Und als sei es damit nicht genug, sitzen die Amerikaner auch noch auf der einzigen übriggebliebenen Agentenkartei der Stasi. CIA-Leute hatten in den Wendewirren drei Mikrofilme der Hauptverwaltung Aufklärung sichern können, die Auskunft geben über Zielobjekte im Westen, die Spione und ihre Führungsoffiziere. Erst nach langen Verhandlungen hatten sich die Amerikaner 1992 bereiterklärt, auch die deutschen Agentenjäger in die Karteien schauen zu lassen. Aber den Verfassungsschützern, die von Zeit zu Zeit ins CIA-Hauptquartier nach Langley reisen dürfen, werden immer nur sorgfältig ausgewählte Auszüge aus den Karteien vorgelegt, die sie dann mit Bleistift abschreiben dürfen.[4]

Die Karteiauszüge beschränken sich überwiegend auf die „klassischen“ Felder Militär und Politik – die Stasi-Agenten in den Chefetagen und Forschungsabteilungen der deutschen Konzerne bekommen die Kölner Abgesandten nicht zu Gesicht. Kein Wunder, daß die deutsche Seite arglistig wird: Arbeitet der Stasi-Spion in der Siemens-Forschung jetzt für die Amis?

Ein Schlaglicht auf die Vorgehensweise der US-Geheimdienste in Deutschland warf im März 1997 die Affäre um zwei CIA-Agenten, die auf einen Bonner Ministerialrat angesetzt waren. Geoffrey Plant, II. Secretary an der US-Botschaft, und sein Nachfolger am Rhein, Peyton K. Humphries, hatten seit 1994 Klaus-Dieter von Horn aus dem Bundeswirtschaftsministerium regelmäßig zum vertraulichen tête-á-tête getroffen. Der Leiter des Ministeriums-Referats VB 7, Schwerpunkt Iran, sollte seinen amerikanischen Gesprächspartnern Einzelheiten über die wirtschaftliche Zusammenarbeit der Bundesrepublik mit dem Mullah-Regime anvertrauen. Mal ging es um Bonner Hermes-Kredite für den Iran, mal um die Namen deutscher Geschäftspartner Teherans, ein weiteres Mal um die deutsche Hilfe beim Weiterbau des Kernkraftwerkes Busher.

Was weder Plant noch sein Nachfolger Humphries ahnten – ihr pflichtbewußtes Gegenüber hatte gleich zu Beginn der Kontaktaufnahme Bundesnachrichtendienst und Verfassungsschutz über die neugierigen Amerikaner informiert. Die deutschen Dienste konnten sich so ein ziemlich genaues Bild über den Wissensbedarf ihrer überseeischen Partner verschaffen. Im Februar 1997 aber zog der Kölner BfV-Chef Peter Frisch dann doch die Bremse: Er bestellte den Bonner CIA-Residenten Floyd L. Paseman ein und verlangte die Abreise Humphries.[5]

## Auf der Suche nach neuen Konzepten

Schon seit Anfang der neunziger Jahre beobachtet der Bundesnachrichtendienst mit Sorge die Schwerpunktverlagerung der amerikanischen Geheimdienste auf die Wirtschaftsspionage. Im Jahre 1991 informierte der BND die Bundesregierung in einer internen Analyse, daß in den USA „Einigkeit darüber (bestehe), daß die amerikanischen Nachrichtendienste in Zukunft durch verstärkte Wirtschaftsaufklärung zur Verbesserung der Wettbewerbsfähigkeit der heimischen Industrie beitragen sollen". Damit reagierten die Dienste auf die Kritik von US-Politikern und -Spitzenmanagern, die bemängelt hatten, daß es ihnen „an verläßlichen Wirtschaftsdaten über Wettbewerber sowie an Analysekapazitäten und eingespielten Kommunikationssträngen" mangele. In der Schlußfolgerung daraus herrsche „Einigkeit", stellte der BND sachlich fest: „Die amerikanischen Dienste sollen verstärkt 'economic intelligence' (Wirtschaftsaufklärung) betreiben und so zur 'economic security' (wirtschaftlichen Sicherheit) der Vereinigten Staaten beitragen".

Ausführlich gibt der BND-Report das Reformkonzept wieder, mit dem die Wirtschaftsaufklärung der US-Dienste verbessert werden soll. Dieses Konzept wirft – wie der BND süffisant vermerkt – „ein bezeichnendes Licht auf die derzeitigen Schwachpunkte der amerikanischen Nachrichtendienste im Bereich der 'economic intelligence'".

Die Schwerpunkte des Reformkonzepts von 1991 sind:

1. Es sollen Fachauswerter rekrutiert werden, die mit den tatsächlichen Informationsbedürfnissen der US-Wirtschaft vertraut sind.

2. Die bislang dürftigen Fachkontakte zwischen Auswertern der Nachrichtendienste und Experten anderer Regierungsstellen sowie der Privatwirtschaft sollen intensiviert werden. Dazu sollen Geheimdienstler an Tagungen und Seminaren von Firmen und Unternehmensverbänden teilnehmen sowie in der Privatwirtschaft „hospitieren".

3. Die Kommunikationsstränge zwischen den Nachrichten diensten und dem US-Handelsministerium sollen verbessert werden. Außerdem soll im Handelsministerium eine entsprechende „Aufklärungsabteilung", intelligence staff, eingerichtet werden.

4. Die Weiterleitung von aus offenen Quellen gewonnenen Informationen an Regierungsstellen und die Privatwirtschaft soll schneller erfolgen.

5. Ein noch zu schaffender „Aufsichtsrat", ein „Economic Intelligence Advisory Committee", soll in regelmäßigen

Abständen die Qualität der Wirtschaftsaufklärung durch die Nachrichtendienste beurteilen. Das Komitee soll sich aus führenden Repräsentanten der Privatwirtschaft und Spitzenbeamten der Wirtschaftsauswertung bei den Geheimdiensten zusammensetzen und unter der Schirmherrschaft des CIA-Direktors stehen.

6. Innerhalb der intelligence community, also der Gemeinschaft der Nachrichtendienste, soll eine clearing-Stelle geschaffen werden, die als „business advocate" darüber entscheidet, welche Berichte und Analysen der US-Dienste an die Öffentlichkeit und die Privatwirtschaft weitergegeben werden.

Wohin die geplante neue Ausrichtung der US-Dienste nach der Umsetzung des Reformkonzeptes führen wird, ahnte auch der BND: Es sei damit zu rechnen, daß die Amerikaner „den Kampf um Wettbewerbsfähigkeit und Weltmarktanteile mit aller Entschlossenheit führen werden". In einem solchen „Wirtschaftskrieg" seien „die Hauptgegner Japan und die EG-Staaten".

Teile des Reformkonzeptes von 1991 sind ungeachtet der Diskussionen um die künftige Rolle der Gemeinschaft aller US-Geheimdienste, bald umgesetzt worden. So unterhält nun schon seit einigen Jahren das US-Handelsministerium ein eigenes Verbindungsbüro zu den Geheimdiensten. Hier laufen die Erkenntnisse der Spione über Marktstrategien, Entwicklungsvorhaben und Verhandlungspositionen der Konkurrenten amerikanischer Unternehmen zusammen. Hier wird entschieden, wem welche Informationen zur Verfügung gestellt und welche Maßnahmen gegebenenfalls eingeleitet werden, um das „standing" einheimischer Firmen bei internationalen Großaufträgen zu verbessern.

Erheblich ausgebaut wurden die Kapazitäten des funkelektronischen Aufklärungsdienstes „National Security Agency“ (NSA). Den größten Teil ihrer für die Wirtschaftsspionage benötigten Informationen gewinnen die Amerikaner heute über die weltweit verteilten Lauschstationen der NSA. Zur Auswertung der Informationen hat die CIA in ihrem Hauptquartier in Langley ein sogenanntes „Handelskrieg-Lagezentrum“ eingerichtet.

Neben der elektronischen Aufklärung setzen die US-Dienste bei der Wirtschaftsspionage auch wieder verstärkt auf die sogenannte „humint“, den Einsatz menschlicher Quellen. Dazu werden Spezialisten der Dienste vorrangig in Niederlassungen großer US-Konzerne im Ausland eingesetzt, von wo aus sie ein Netz an Agenten und Abschöpfquellen aufbauen.

Rekrutiert werden die Fachkräfte neuerdings wieder an Universitäten, was der Agency lange Jahre verwehrt war. Hier wirbt der Dienst vor allem Studenten an, die wirtschaftsspezifische Studiengänge belegen und wenig verbreitete Sprachen beherrschen.

1992 umriß CIA-Chef Gates die Hauptaufgaben amerikanischer Wirtschaftsspionage:

- Analysen der globalen wirtschaftlichen Entwicklung, Informationen über die Positionen anderer Länder bei internationalen Verhandlungen, Untersuchung wettbewerbsbeeinträchtigender Maßnahmen von Konkurrenten US-amerikanischer Firmen, beispielsweise Subventionen, Exportförderungen, Vertragsabsprachen und Schmiergeldzahlungen;
- Überwachung technologischer Entwicklungen, die die nationale Sicherheit gefährden könnten;
- die „Gegenaufklärung“, weil laut Gates die Angriffe auf die US-Wirtschaft seit Ende des Kalten Krieges enorm zugenommen haben.

Allerdings schloß Gates offiziell stets definitiv aus, daß der Dienst unter seiner Führung aktive Spionage für US-Firmen betreiben werde. „Die US-Geheimdienste führen keine Wirtschaftsspionage für die Privatwirtschaft durch und werden dies auch nicht tun", sagte er 1992.

## Zielscheibe US-Wirtschaft

Nach dem Sieg Bill Clintons im Präsidenten-Wahlkampf 1992 über George Bush und dem Einzug des Demokraten ins Weiße Haus wurde diese Prämisse jedoch korrigiert. Zwar hieß es noch imer offiziell, die Dienste arbeiteten nicht für die Unternehmen der Privatwirtschaft. Die Erwartungen der Industrie, an den Erkenntnissen der Geheimdienste zu partizipieren, aber wurden immer drängender. Das verlangte auch der einflußreiche demokratische Senator Dennis DeConcini aus Arizona, Vorsitzender des Senatsausschusses für Geheimdienste. Im Dezember 1992 forderte er eine „aktive Rolle der CIA in der globalen Wirtschaftsspionage".[6]

1993 ließ Präsident Clinton den CIA-Direktor Gates durch R. James Woolsey ersetzen, der bei seiner Berufungs-Anhörung vor dem Geheimdienst-Ausschuß des Senats keinen Zweifel an den kommenden Aufgaben der CIA ließ: Wirtschaftsspionage sei „the hottest current topic in intelligence policy", die heißeste und dringendste Aufgabe der Nachrichtendienste.

Den Boden für die „economic warfare" der US-Dienste bereiteten Schreckensmeldungen über das Ausmaß der gegen US-Firmen gerichteten Spionage. Rund 100 Milliarden Dollar betrage der Schaden, der jährlich US-Unternehmen durch Wirtschaftsspionage entstehe. Sechs Millionen Arbeitsplätze gingen dadurch verloren, rechnen Wirtschaftsexperten vor.

Wie FBI-Direktor Louis Freeh vor einem Ausschuß des Kongresses betonte, hätten sich die Fälle von Wirtschaftsspionage in den USA 1995 auf 800 verdoppelt. Insgesamt 23 Länder haben mit ihren Spionen das Wirtschaftswesen Amerikas durchsetzt – neben Rußland gehörten vor allem Länder wie Japan, China, Südkorea, Israel und Frankreich zu denen, die ganze Heere von Industriespionen auf große US-Konzerne ansetzten. Als Beispiele nannte Freeh die Technologiekonzerne IBM und Mobil sowie den Flugzeughersteller McDonnell-Douglas. Bei Mobil etwa sollte ein „infomation broker" Firmenunterlagen über das milliardenteure Projekt des neuesten Atomreaktors beschaffen.[7]

Besonders aggressiv gehen nach amerikanischer Darstellung die französischen Dienste gegen die US-Firmen vor. Aber auch der deutsche Bundesnachrichtendienst sei aktiv. So wurde der BND 1991 beschuldigt, den US-Konzern IBM abgehört und geheime Firmeninformationen an deutsche Konkurrenzfirmen weitergegeben zu haben. Der BND-Lauschangriff habe IBM mehrere Geschäftsabschlüsse gekostet.[8]

Besonnenere Stimmen wie die vom ehemaligen Geheimdienst-Beamten Mark Loewenthal gingen in dem Getöse um die angeblichen Angriffe der Europäer auf die amerikanische Wirtschaft glatt unter. Vor einem Senatsausschuß sagte Loewenthal 1993, daß es bei der Diskussion um ausländische Wirtschaftsspionage weniger um Fakten als um Emotionen ginge. Immer wieder werden dieselben drei oder vier Fälle ans Licht gezerrt. Tatsächlich sei der bisher entstandene Schaden für US-Firmen gering, sagte Loewenthal und verwies auf eine Umfrage der Amerikanischen Gesellschaft für Industriesicherheit von 1992. Damals bezifferten die 32 größten US-Unternehmen ihren Schaden durch Wirtschaftsspionage auf 1,8 Milliarden Dollar – das seien 0,03 Prozent des US-Bruttoinlandsprodukts. Hinzu komme, daß 70 Prozent der Verluste anderen US-Unternehmen zugute gekommen sind, so daß unter dem Strich lediglich ein Schaden von 500 Millionen Dollar durch ausländische Wirtschaftsspionage entstanden sei.[9]

## Clearingstelle NCIC

Die Medienkampagne über den Krieg ausländischer Wirtschaftsspione gegen die USA war für Präsident Bill Clinton Anlaß, die amerikanischen Dienste anzuweisen, „auf aggressive Spionage auch aggressiv zu reagieren".[10]

1994 machte Clinton die amerikanische Wirtschaftsspionage und die Abwehr von geheimdienstlichen Angriffen auf US-Firmen zur Chefsache. In jenem Jahr wurde das National Counterintelligence Center (NCIC) gegründet, das offiziell nur der Spionageabwehr dienen soll. Die Zusammensetzung des Gremiums und der angestrebte Informationsaustausch zwischen den Beteiligten aber deuten Geheimdienstexperten als Beleg dafür, daß mit dem NCIC eine Clearing-Stelle geschaffen wurde, in der auch die von US-Geheimdiensten beschafften Informationen über ausländische Firmen und Volkswirtschaften ausgewertet und für die Weitergabe an die Regierung und die einheimische Privatwirtschaft aufbereitet werden.

Das NCIC führt 15 US-Regierungseinrichtungen zusammen, darunter Geheimdienste und Abteilungen von Ministerien sowie die Zollbehörde und die Bundespolizei FBI. Die NCIC-Mitglieder sind:

- die CIA, Abteilung für Spionageabwehr
- die Defense Intelligence Agency (DIA)
- das Geheimdienst- und Sicherheitskommando der US-Army
- der Naval Criminal Investigative Service (NCIS)
- das Office of Special Investigations (OSI) der Air Force

- der Defense Investigative Service (DIS)
- das Personel Security Research Institute
- die National Security Agency (NSA)
- das FBI, Nationale Sicherheitsabteilung
- das US-Außenministerium, Büros für Geheimdienste und Diplomatische Sicherheit
- der Direktor für Sicherheit und Spionageabwehr im Büro des stellvertretenden Sekretärs für Verteidigung
- die Abteilung für Spionageabwehr im Energieministerium
- das Büro für Exportförderung im Handelsministerium
- das Finanzministerium
- die US-Zollbehörde.[11]

Die Informationen, die von den in der NCIC vertretenen Einrichtungen zusammengetragen werden, erreichen die Institute, Firmen und Konzerne der US-Privatwirtschaft über „specific security programs", in denen Behörden und Unternehmen kommunizieren, sowie über spezielle Informationsverbände. Dazu gehören:

- Das Aufklärungsprogramm „Development of Espionage, Counterintelligence and Counterterrorism Awareness" (DECCA) der Bundespolizei FBI. In allen 56 FBI-Büros halten DECCA-Koordinatoren den Kontakt zu verbundenen Firmen, die vom FBI regelmäßig über die potentiellen Gefahren, die von ausländischen Geheimdiensten drohen, informiert werden. Dazu übermittelt das FBI seinen Ansprechpartnern in den Firmen Geheim-Informationen der US-Aufklärung über erfolgte oder drohende Angriffe von Agenten auf amerikanische Unternehmen. Daneben gehört zum DECCA-Programm die regelmäßige Schulung von Firmenangestellten über die Gefahren des Außenhandels und die Probleme, die im Ausland bei Vertragsverhandlungen entstehen können. Neben Literatur und Broschüren gibt das FBI den – zum Teil „Geheim" eingestuften – Informationsdienst „DECCA Notes“ heraus. Nach FBI-Angaben haben 1993/94 insgesamt 20 000 Firmen am DECCA-Programm teilgenommen.

- Der Informationsaustausch mit dem FBI ist aber keine Einbahnstraße. US-Firmen übergeben der Bundespolizei laut einem Bericht des Weißen Hauses selbst beschaffte Informationen über illegale Aktivitäten fremder Regierungen, wenn sich diese gegen amerikanische Interessen richten.
- Im Industrial Security Awareness Council (ISAC), das schon im August 1988 gegründet wurde, arbeiten das FBI und der Geheimdienst Defense Investigate Service (DIS) mit vielen Firmen, besonders aus dem Rüstungsbereich, zusammen. In dem Gremium werden die Erkenntnisse von Regierung und Privatwirtschaft über Wirtschaftsspionage zusammengeführt.
- Das State Department kümmert sich im Overseas Security Advisory Council (OSAC) um mehr als 1400 US-Firmen. Vorrangig geht es der OSAC um die Wahrung von Geschäftsinteressen und die Sicherheit amerikanischer Firmenniederlassungen im Ausland. Dazu unterhält das OSAC Büros in Alma Ata, Amsterdam, Athen, Bogota, Brüssel, Budapest, Buenos Aires, Kairo, Chile, Frankfurt, Den Haag, Indonesien, Karatschi, Lima, London, Madrid, Manila, Mexico City, Moskau, Mailand, Paris, Rio de Janeiro, Rom, San Salvador, Sao Paulo, Singapur, Trinidad und Tobago, Tunis und Warschau. 1995 kamen Büros in Indien, Nigeria und Südafrika hinzu.
- Ein spezielles Sicherheits-Programm für die Rüstungsindustrie wird unter der Verantwortung des Verteidigungsministeriums realisiert. Eingebunden sind hierbei die Geheimdienste DIA und DIS sowie spezielle Abteilungen des Verteidigungsministeriums.
- Mit einem kleinen Kreis von „Vertragspartnern“ steht das National Reconnaissance Office (NRO) im Informations-

austausch. Das NRO ist im Pentagon untergebracht und betreibt die Entwicklung und den Einsatz von Aufklärungssatelliten.[12]

- Die Lauschbehörde National Security Agency (NSA) unterrichtet regelmäßig verschiedene US-Unternehmen und -Einrichtungen über ihre Erkenntnisse. Dazu hält die NSA sogenannte Aufklärungs-Konferenzen und -Kurse ab, in denen auf spezielle „Zielländer“ zugeschnittene Informationen weitergegeben werden.
- Spezielle Counterintelligence-Programme für die Privatwirtschaft führen auch die zuständigen Abteilungen der Ministerien für Energie und Handel sowie die NASA und die Zollbehörde durch.[13]

## Bizarre Konfrontation

Der bislang bizarrste Spionage-Krieg nach dem Fall des Eisernen Vorhangs tobte Anfang der neunziger Jahre zwischen den Amerikanern und den Franzosen. Seitdem gelten die Franzosen in der amerikanischen Öffentlichkeit neben den Japanern als die aggressivsten „Wirtschaftsbanditen“.

Schon einmal, 1989, hatte es Verstimmungen zwischen Washington und Paris gegeben. Anlaß war die Enttarnung mehrerer Agenten des französischen Auslands-Geheimdienstes „Direction Generale de la Securite Exterieure“ (DGSE), die in die Europa-Niederlassungen der US-Firmen IBM, Texas Instruments und Corning Glass eingeschleust worden waren. Nach US-Berichten plünderten die Spione die Forschungscomputer der Unternehmen und reichten sie an die französische Computerfirma Compagnie des Machines Bull weiter, deren Mehrheitseigner die Regierung in Paris ist.[14]

Nach Bekanntwerden des Spionagefalls schlossen die damaligen Chefs von CIA und DGSE eine Art Burgfrieden, um weitere solcher unangenehmer Zwischenfälle zu vermeiden. 1993 kündigte die CIA aber dieses Stillhalteabkommen auf – die Umorientierung der US-Geheimdienste auf aktive Wirtschaftsspionage machte es notwendig, den Bürgern zu zeigen, daß der Feind jetzt überall lauert, auch unter den Verbündeten.

Als Beweis dafür hielt ein unscheinbarer brauner DIN A4-Umschlag her, der im März 1993 bei der Pariser US-Botschaft abgegeben wurde und von dort die CIA-Zentrale in Langley erreichte. Der unbeschriftete Umschlag enthielt ein 21seitiges Geheimmaterial des französischen Dienstes DGSE: Eine Liste mit 49 amerikanischen Rüstungs- und High Tech-Firmen, 24 Banken und Investmenthäusern sowie vier Ministerien der US-Regierung, die der DGSE als vorrangige Spionageziele ausgewählt hatte.

Aufgeführt waren Unternehmen wie Boeing, General Dynamics, Lockheed, McDonnell Douglas, Northrop, Rockwell International, TRW, Martin Marietta, AlliedSignal, Aerojet und Hughes. Die Übersicht – nach CIA-Überzeugung 1990 erstellt – nannte bei jedem Unternehmen zusätzlich die Produkte und Technologien, auf die sich die Spione zu konzentrieren hätten. So wollten sich die Franzosen von der kalifornischen Waffenschmiede Hughes Aircraft Informationen zur Luft-Luft-Raketentechnologie „Phoenix 54 C“ besorgen. Bei Boeing interessierte man sich für die vom Unternehmen selbst festgestellten technischen Probleme der Flugzeuge und ihre Strategie im Konkurrenzkampf zum europäischen Airbus-Konzern. Von Lockheed sollten Details der Satelliten- und Raumschifftechnologie geklaut werden. Bei Pratt & Whitney galt es, die Mitarbeit an der Herstellung von Kampfjets im Ausland auszuforschen. Besondere Priorität setzte der DGSE bei der Spionage auf dem Feld des SDI-Programms, der Technologie des Tarnkappenbombers „Stealth“ und der US-Satellitentechnik.

Bei den Finanzunternehmen ging es dem DGSE vor allem um deren Entwicklungsstrategien, ihre Beteiligungen, Niederlassungen und angestrebten Geschäfte in Europa. Dazu sollten die Rechtsanwälte, Berater und Unternehmen aufgeklärt werden, die den US-Firmen dabei behilflich sind.

Schließlich führte das DGSE-Papier auch noch die US-Ministerien für Wirtschaft, Finanzen, Landwirtschaft und Handel als Ausspähungsobjekte auf. Von Interesse sind demnach vor allem die Verhandlungspositionen der Regierung für internationale Verhandlungen sowie Studien und Analysen der Ministerien. Ausdrücklich genannt als Objekt geheimdienstlicher Begierde wurde in dem Papier Carla Hills, Anfang der neunziger Jahre Handelsbeauftragte der US-Regierung.

Von Frankreich kam nur ein schwaches Dementi. Nichts in diesem Dokument weise darauf hin, daß es von französischen Regierungsstellen verfaßt worden ist. Damit aber war der Skandal nicht aufzuhalten. Als am 11. Juni 1993 bei Paris der Luftfahrtsalon Le Bourget öffnete, war die „target list" der Franzosen Hauptgesprächsthema der US-Aussteller. Auch deshalb, weil der bedeutendste amerikanische Produzent von Weltraumsatelliten, die Hughes Aircraft Co., seine Teilnahme an der weltgrößten Schau von Luft- und Raumfahrttechnik kurz vorher abgesagt hatte. Begründung: Das Unternehmen fürchte Angriffe französischer Spione auf seine Firmengeheimnisse.

In den USA wurde mit der „target list" des DGSE ein regelrechter Propagandafeldzug gestartet. Die Medien überboten sich in der Enthüllung zurückliegender Spionagefälle mit französischer Beteiligung: Da steuerte Frankreichs Botschaft in Washington eine Gruppe von Ingenieuren aus Paris, die als angebliche Mitarbeiter des französischen Nuklearzentrums „Arbeitsgespräche" in den Staaten führen wollten. Tatsächlich suchten die Ingenieure mehrere US-Chemiefirmen auf, die für das „Stealth“-Programm, den Tarnkappenbomber, Zulieferverpflichtungen übernommen hatten. Mit dem Hinweis auf die französisch-amerikanische Allianz in der NATO versuchten sie die Firmen zur Herausgabe von Forschungsergebnissen zu überreden - vergeblich. Das FBI nahm die Ingenieure fest und schob sie nach Frankreich ab.[15]

1991 versuchte sich das französische Konsulat in Houston/ Texas an einer kuriosen Methode der Informationsgewinnung. Mitarbeiter des Konsuls leerten die Mülltonnen des Direktors einer großen US-Computerfirma und schafften die Säcke zum Konsulat. Dummerweise wurden sie dabei fotografiert. Dem Konsul fiel als Ausrede nur ein, seine Mitarbeiter hätten Müll gesammelt, um ein Erdloch im Garten der Residenz zu verfüllen. Die Amerikaner vermuteten aber einen ganz anderen Grund: Die Franzosen wollten den Müll des Computerexperten auf eventuell verwertbare Informationen über seine Firma durchsuchen. Da der Konsul diplomatische Immunität genoß, wurden die Ermittlungen jedoch eingestellt.[16]

Der Geheimdienstexperte Peter Schweizer stellte in seinem Buch „Friendly Spies“[17] fest, daß die französische Fluggesellschaft Air France dem DGSE gestattet habe, in den Sitzen der ersten Klasse Wanzen einzubauen. Außerdem hätten die Air-France-Maschinen Aufklärungskameras an Bord, um Luftaufnahmen von Industriebaustellen oder großen Unternehmen zu machen. Dazu weichen die Flugzeuge zum Teil auch beträchtlich von ihrer eigentlichen Route ab. In die Spionage-Allianz der Franzosen seien auch Top-Hotels in der Hauptstadt Paris einbezogen. So hätten Konzernmanager von GTE, AT&T und NCR darüber berichtet, daß sie im Hotel „Nikko“ im noblen Pariser Westend mehrfach Zimmermädchen beim Durchwühlen von Aktenkoffern ertappt hätten.

Schon zwei Jahre vor dem Schweizer-Buch, 1991, hatte der ehemalige französische Geheimdienstchef Pierre Marion im amerikanischen Fernsehen recht unverblümt die Spionage seines Landes gegen US-Manager geschildert. Danach seien Stewardessen von Air France und Angestellte großer Hotels im Auftrag des DGSE auf Wirtschaftsbosse aus Übersee angesetzt. „Im technologischen Wettbewerb sind wir Konkurrenten, keine Verbündeten“, verteidigte Marion die Aktivitäten des DGSE.[18]

## Operation „Aquarium"

Nach den heftigen Attacken der Amerikaner schossen die Franzosen zurück. Während des Präsidenten-Wahlkampfs im Frühjahr 1995 forderte Paris die Regierung in Washington auf, fünf US-Bürger – darunter vier Diplomaten – aus Frankreich abzuziehen. Angeblich hätten die Amerikaner versucht, Informanten in französischen Ministerien anzuwerben. Tatsächlich gibt es seit den siebziger Jahren jedoch ein Abkommen zwischen CIA und dem für die Spionageabwehr zuständigen französischen Dienst DST, in dem festgelegt ist, daß die CIA keine Franzosen nutzen darf, um auf französischem Boden zu spionieren. Das Abkommen wurde geschlossen nach der Entdeckung der „Operation Aquarium“, der heimlichen Überwachung französischer Kommunistenführer durch die CIA in den 70ern.[19]

Im Jahre 1995 hatte die DST insgesamt 80 aktive Agenten amerikanischer Dienste im Lande ausgemacht. Ein gutes Drittel davon arbeite getarnt als Journalist, Geschäftsmann oder Techniker. Mit diesen Zahlen, so die DST, überträfe die USA sogar Rußland, das „nur“ 50 Spione auf französischem Territorium agieren lasse.

Das in Frankreich verfaßte Geheimdienst-Magazin „Intelligence Newsletter“ berichtete 1995 von einem geheimen Netzwerk des amerikanischen Geheimdienstes auf französischem Boden. Das Magazin berief sich dabei auf geheime Unterlagen und die Aussagen früherer CIA-Offiziere. Sie belegen, daß US-Geheimdienste seit vielen Jahren die französischen Regierungsgeschäfte überwachen.

Diese Überwachung geschieht größtenteils über ein Netz von Abhöreinrichtungen, das die Amerikaner im Kalten Krieg installierten, um terroristische und kommunistische Aktivitäten in Frankreich auszuspähen. Diese Ausspähung erfolgte und erfolgt völlig unabhängig von den gewöhnlichen diplomatischen Aktivitäten der US-Einrichtungen in Frankreich.

Darüber hinaus soll es den US-Geheimdiensten – das belegen geheime Erkenntnisse der DST – gelungen sein, die französische Regierung an höchsten Stellen zu durchdringen. Dabei sind neben der CIA beteiligt: das Office of Naval Intelligence (ONI), das Bureau of Intelligence and Research (INR) des State Departement und möglicherweise die Defense Intelligence Agency (DIA).

Wie die DST herausfand, hatte die CIA von Frankreich aus die algerische Parti de l'Avant-Garde Socialiste (PAGS) und ihre Beziehungen zu den französischen Kommunisten und Gewerkschaften ausspioniert. Dabei trat zutage, daß die Agency vom US-Dienst ONI Informationen erhielt, die aus der französischen Militärabwehr stammten, konkret aus dem „Poste de protection et de Securite de la Defense Premar III" (PPSD) und der französischen „Direction de la Protection et de la Securite de la Defense" (DPSD, frühere Securite Militaire). Beide Einrichtungen überwachen die terroristischen Aktivitäten in Frankreich.[20]

Im gleichen Beitrag berichtete „Intelligence", daß die USA 1988 Informationen über ihr „Netzwerk" erhielt, die sie glauben ließen, die französische Regierung sei „unter iranischer Kontrolle". Der Grund: Innenminister Charles Pasqua und sein Unterhändler Jean-Charles Marchiani hatten Zugeständnisse an den Iran gemacht, um französische Geiseln, die im Libanon von islamischen Extremisten festgehalten wurden, freizubekommen. Tatsächlich hatte eine in Deutschland stationierte Antiterror-Einheit der CIA über ein geheimes Treffen in Wien zwischen einer französischen Delegation, angeführt von Jean-Charles Marchiani, und einer iranischen Delegation berichtet. Nach dem Wiener Treffen seien Waffen für den Iran verschifft worden, nachdem die Geiseln freikamen.

## Die „Golfbälle" der NSA

Den größten Anteil an der weltweiten Wirtschaftsspionage durch US-Geheimdienste haben die funkelektronischen Aufklärungsdienste der USA. Experten sprechen davon, daß die USA bis zu 85 Prozent ihres gesamten nachrichtendienstlichen Informationsaufkommens auf diesem Wege gewinnen. Dazu hören rund 200 000 Mitarbeiter von sechs Lauschdiensten mit einem Jahresbudget von mindestens 20 Milliarden Dollar rund um die Uhr und rund um die Welt den Äther ab.

Die wichtigsten Aufgaben kommen dabei der National Security Agency (NSA) zu, die mit einem geschätzten Jahresetat von 10 Milliarden Dollar der teuerste US-Geheimdienst ist. Und der größte: Rund 140 000 Mitarbeiter, davon ein Drittel in der Zentrale in Fort George Meade in Maryland, lauschen für die NSA.[21]

Weltweit unterhält die NSA weit über 4000 Aufklärungs- und Horchposten. In Europa befinden sich die wichtigsten NSA-Stationen unter anderem in Norwegen, der Türkei, Großbritannien und Deutschland.

Die größte Abhöreinrichtung in Europa befindet sich in Menwith Hill im englischen Yorkshire. Hier betreibt die NSA aufgrund eines bilateralen Abkommens mit der britischen Regierung seine größte Operationsbasis außerhalb der USA. Auf rund 220 Hektar Wiesenland kleben 21 gigantische weiße „Golfbälle“ in der Landschaft. Sie verhüllen Richtantennen und Spiegelteleskope, die insgesamt 250 elektronische Überwachungssysteme mit abgefangenen Daten aus dem Äther versorgen. Von Yorkshire aus hören 2000 NSA-Mitarbeiter praktisch ganz Europa bis zum Ural ab. Wortbanken und spezielle Schlüsselworte in den Überwachungscomputern sollen dafür sorgen, daß bis zu 3600 Telefongespräche und Faxsendungen gleichzeitig abgefangen werden können – von Spitzenpolitikern und Diplomaten, von großen Konzernen und Terrorismus-Verdächtigen, von Kriminellen und den ganz normalen Leuten. Einmal, so weiß ein Insider zu berichten, habe man auch einen US-Senator auf dem Band gehabt, der von dem NSA-„Staubsauger“ aus dem Äther gezogen wurde.

Die großen amerikanischen Konzerne wissen die Informationsflut aus dem Äther, die ihnen von der NSA aufbereitet wird, zu schätzen. Und sie revanchieren sich mit logistischer Hilfe: Die Firmen Loral und Lockheed etwa – sie bauen die Satelliten, mit denen die NSA spioniert. Dafür bekommen die beiden Firmen auch eigene Büros in der NSA-Station Menwith Hill.[22]

Geheimnisvoll klingende Decknamen und Abkürzungen bezeichnen die mehr als 250 Lauschprojekte in Menwith Hill: RUNWAY hält die Verbindung zwischen den Satelliten im Orbit und den Computern in der Bodenstation aufrecht; MOONPENNY belauscht die Satellitenverbindungen anderer Länder; SILKWORTH wertet die Informationen der Spionagesatelliten aus; ILC (International Leased Carrier) umfaßt den normalen Telefonverkehr, während NDC (Non-US Diplomatic Communications) sich auf die Kommunikationswege diplomatischer Einrichtungen konzentriert, sofern sie nicht den

USA gehören; und R.O.W schließlich ist simpler NSA-Jargon und steht für „Rest of the world". Zum R.O.W gehört auch Deutschland, wo man den in den vergangenen Jahren erfolgten Ausbau der NSA-Station in Menwith Hill mit Argwohn betrachtet. Zwar regelt der UKUSA-Vertrag[23] einen Informationsaustausch mit den westeuropäischen Partnerdiensten. Was die Amerikaner aber rüberreichen und was sie für sich behalten, das können die Europäer nicht kontrollieren. Auch die Deutschen sitzen im eigenen Land nur in der zweiten Reihe, wenn in den NSA-Stationen in Gablingen bei Augsburg und in Bad Aibling die Tonbänder angehen. Der Bundesnachrichtendienst darf einen Teil der Anlagen – wie im UKUSA-Vertrag geregelt – mitnutzen, ist bei dem Informationsaustausch mit den Amerikanern aber auf die Freigiebigkeit der NSA angewiesen.

Gablingen, wo die US-Streitkräfte ab Mitte der achtziger Jahre ihr ehemaliges Frühwarnsystem installierten, wird in der BND-Objektliste unter dem Decknamen „Drehpunkt" geführt. Die kreisrunde Antennenanlage in Gablingen ist ein Lauschobjekt der Superlative. 300 Meter mißt das Antennengitter im Durchmesser, es ist 30 Meter hoch. Unter dem „Spinnennetz" geht es 25 Meter in die Tiefe – in zwölf unterirdischen Stockwerken wird das analysiert, was die NSA-Lauscher aus dem deutschen Richtfunk- und Faxverkehr fischen.

Der bayerische Landtagsabgeordnete Peter Paul Gantzer (SPD) fürchtet, daß die NSA von Gablingen aus gezielt die deutsche Wirtschaft ausspäht. Immerhin habe die NSA-Führung schon 1990 festgestellt, daß Deutschland als wichtige europäische Wirtschaftsmacht weiterhin kontrolliert werden müsse, so Gantzer. Zwar unterhalten der Bundesnachrichtendienst und die sogenannte Fernmeldestelle Süd der Bundeswehr Verbindungsbüros in der Gablinger NSA-Einrichtung.

Die deutschen Experten dürfen jedoch das Abhörzentrum nur drei bis vier Stockwerke tief betreten. Alles darunter ist top secret für die Deutschen.[24] Auch in der NSA-Lauschstation in Bad Aibling bleiben die Deutschen außen vor. Zwar darf eine spezielle Funkverkehrsstelle des BND aus der benachbarten Mangfall-Kaserne (BND-Objekt „Orion“) einige der NSA-Antennen mitnutzen. Große Teile der Bad Aiblinger Anlage aber bleiben für die Deutschen dennoch tabu.

Was die rund 1 000 Lauscher, darunter 150 NSA-Experten, aus dem Äther über Oberbayern saugen, bleibt das Geheimnis der Amerikaner. Offiziell geht es nur um die Überwachung russischer Satelliten und des militärischen Funknetzes der russischen Armee, weshalb seit 1995 auch die U.S. Air Force das Kommando in Bad Aibling übernahm. Tatsächlich aber hat hier nach wie vor die NSA das Sagen.[25] Zum Abschluß einer seit Anfang der 90er Jahre zu verzeichnenden Schwerpunktverschiebung zwischen den Schwesternstationen wird Gablingen – seit 1994 ohnehin weitgehend aus dem NSA-Hauptquartier in Fort Meade ferngesteuert – 1998 endgültig aufgelöst. Bad Aibling hingegen wird kontinuierlich ausgebaut. So stieg die Zahl der Radome von 15 im Jahre 1995 auf 18 in 1997. Neue Antennen haben offensichtlich die Peilfunktion der aufgelösten britisch-amerikanischen Station in Culmhead übernommen und der Personalbestand hat sich seit 1985 auf 1000 Aufklärer verdoppelt.

## Jagd auf Schmiergeldzahler

Unweit vom britischen Bude in Cornwall ist eine weitere NSA-Station entstanden. Von hier aus werden die Kommunikationssatelliten überwacht, die die westlichen Verbündeten der USA betreiben.Wie in Menwith Hill, werden auch in Bude gewaltige Rechner betrieben, die für die NSA genau die Geheimnisse aus dem Äther ziehen, die der amerikanische Dienst herausbekommen will.

Geheimnisse, die in dem „Handelskrieg-Lagezentrum" der CIA in Langley ausgewertet werden. Dort laufen die Informationen zusammen, die amerikanische Horchposten an der Westküste der USA, in Großbritannien und Hongkong aus dem elektronischen Kommunikationsverkehr internationaler Unternehmen herausfischen. Aufgabe dieser CIA-Abteilung ist es, aus den Lauschprotokollen wettbewerbsbeschränkende Absprachen zwischen Vertragspartnern zu filtern, Bestechungsoperationen aufzudecken und auf elektronischem Wege durchgeführte Geldbewegungen auszuwerten. Diese Informationen werden über das State Departement den Regierungen der betreffenden Staaten zugeleitet mit dem Ziel, durch „sanften Druck" der US-Administration eine Korrektur der Auftragserteilungen zugunsten amerikanischer Firmen zu erreichen.[26]

Ein Beispiel, wie erfolgreich diese CIA-Abteilung arbeitet, datiert aus dem Jahre 1994. Brasilien hatte einen Großauftrag zur Satellitenüberwachung des Amazonas an die französische Firma Thomson-Alcatel vergeben, der Auftragswert lag bei 1,4 Milliarden Dollar. CIA und NSA fanden heraus, daß die Franzosen hohe Bestechungsgelder bezahlt hatten, um den Auftrag zu erhalten. Präsident Clinton beschwerte sich daraufhin persönlich bei der brasilianischen Regierung und vergaß dabei nicht, die traditionell guten Wirtschaftsbeziehungen beider Länder ins Gedächtnis zu rufen. Brasilien schwenkte schließlich um, kündigte den Franzosen und vergab den Auftrag an die US-Firma „Raytheon". Insgesamt soll die CIA-Abteilung allein 1993 mehr als 50 Bestechungsoperationen weltweit auf die Spur gekommen sein. Durch Intervention der US-Regierung seien der amerikanischen Industrie Aufträge im Umfang von sechseinhalb Milliarden Dollar und Folgeaufträge von noch einmal mehr als zehn Milliarden Dollar zugute gekommen.

Welche Reserven die Spezialeinheit noch hat, läßt ein Bericht des US-Handelsministeriums vom September 1995 ahnen. Danach seien US-Firmen Verträge im Wert von 36 Milliarden Dollar entgangen, weil Bestechung mit im Spiel war. Insbesondere europäische und asiatische Unternehmen hätten mit Schmiergeldern nachgeholfen.

Mitunter informieren die Korruptionsjäger von der CIA andere Regierungen und Unternehmen auch dann, wenn keine US-Firma durch Schmiergeldzahlungen benachteiligt wurde. Davon sind möglicherweise auch zwei deutsche Firmen betroffen, die bei „Bakschisch-Geschäften" erwischt wurden.

So wurde die Thyssen Stahlunion vom britischen Mineralölkonzern BP vor einem Londoner Gericht auf Schadensersatz verklagt. Das Unternehmen soll 1990 versucht haben, mit Schmiergeld die Konkurrenz in der Ausschreibung zu einem Millionenauftrag auszubooten. Bei dem Auftrag war es um lukrative Verträge zur Gas- und Ölförderung in der Nordsee gegangen. Eingefädelt wurde das Geschäft durch einen „Berater" von Thyssen, der 1993 in London wegen dieses Vergehens zu drei Jahren Haft verurteilt worden ist. Der Schlüsselbeweis der BP-Anwälte für die Beteiligung Thyssens an dem Schmiergeldfall ist ein Telefax des Düsseldorfer Unternehmens an seinen „Berater", das „abgefangen" werden konnte.[27]

Auch der Siemens-Konzern ist in eine Schmiergeldaffäre verstrickt. Im Februar 1996 war bekanntgeworden, daß ein hochbezahlter Siemens-Berater jahrelang Spitzenmanager der staatlichen Energieversorgungsbetriebe von Singapur geschmiert hatte. Die Regierung des Stadtstaates, der enge wirtschaftliche Beziehungen zu US-Firmen pflegt, hatte daraufhin beschlossen, Siemens für fünf Jahre von allen öffentlichen Ausschreibungen auszuschließen.[28]

## Die BUSINTEL-Brücke

„Wir wollen von den US-Geheimdiensten keine technologischen, marktstrategischen oder wirtschaftlichen Informationen über unsere Konkurrenten erhalten. Wir können allein wirksame Schritte unternehmen, um uns einen Vorteil im Wettbewerb zu verschaffen.“ Mit seiner klaren Absage gegen geheimdienstliche Hilfe für sein Unternehmen steht der Boeing-Manager John Hayden nicht allein.[29]

Das von den US-Diensten zunehmend betriebene Engagement in der Wirtschaftsspionage stößt in der amerikanischen Privatwirtschaft nicht nur auf Zustimmung. Ja, die meisten Unternehmen befürworten sogar eine Abgrenzung von den Diensten. In Amerika ist das kein Wunder. Anders als in Japan und Europa sind US-Unternehmen nie eine besonders enge Partnerschaft mit der jeweiligen Regierung eingegangen – abgesehen einmal von der Rüstungsindustrie, deren Freiräume aber auch viel größer sind als bei vergleichbaren Unternehmen in Übersee.

Im CIA-Hauptquartier in Langley reagiert man eingeschnappt auf Sätze wie die von Hayden. Warum haben die Manager so wenig Vertrauen in die Kompetenz der CIA? Schließlich arbeite die Agency in 130 Ländern der Welt, in solchen Städten wie Paris, Rom und Tokio spinnen gleich 50 und mehr Beamte das CIA-Agentennetz. Es gibt kein Land von Bedeutung – ausgenommen die für den Dienst traditionell gesperrten England, Australien und Kanada – , in dem die CIA nicht Regierungsmitglieder auf der Gehaltsliste führt. Den beeindruckenden Zahlen halten die Geheimdienst-

Kritiker unter den Unternehmern entgegen, daß die geheimdienstliche Wirtschaftsspionage zu einer Wettbewerbsverzerrung führen würde: Wer in den Diensten soll denn entscheiden, wem welche Informationen herausgegeben werden? Es laufe praktisch auf ein „Ausgucken von Gewinnern und Verlierern" durch die Geheimdienste hinaus. Außerdem säe der Einsatz des CIA bei Geschäftspartnern in Europa und Asien nur Mißtrauen, was eine Kooperation mit diesen Ländern behindere.

Hinzu kommen die Zweifel, daß ein Geheimdienst in der Lage ist, die Informationen so effizient aufzubereiten, wie es ein wettbewerbsorientiertes Unternehmen tun kann. Dazu müßte ein Dienst zum Beispiel genau im Bilde sein, welchen technischen und technologischen Standard US-Unternehmen in den einzelnen Branchen haben – wenn er das erreichen wolle, so fürchten die Unternehmer, müßten die US-Dienste auch die Firmen im eigenen Lande ausforschen. Und schließlich gibt es jene Kritiker, die sagen, daß im Zeitalter der internationalen Verflechtung von Konzernen es ohnehin kaum zu definieren sei, was ein rein amerikanisches Unternehmen ist.

Ein weiteres, wenn auch nicht laut ausgesprochenes Argument ist die Sorge vieler multilateral agierender Unternehmen, daß ihre schmutzigen Geschäfte durch allzu neugierige Geheimdienstler aufgedeckt werden könnten. Waffenhandel, dubiose Finanzgeschäfte, Schmuggel von embargobehinderter Technologie, Drittlandgeschäfte mit den Feinden Amerikas im Nahen Osten – all diese lukrativen Einnahmequellen wären dann gefährdet.

Viele amerikanische Firmen greifen daher zunehmend auf private Organisationen zurück, die Spionageoperationen für sie ausführen, berichtete die „Washington Post" 1992. Diese kleinen „Beraterunternehmen", auch front companies genannt, beschaffen „genaue Informationen über Preispolitik, Verkaufsdaten, neueste Technologien und Entwicklungsgeheimnisse". Die Mitarbeiter sind Profis, gehörten in der Mehrzahl selbst einem amerikanischen Geheimdienst an und pflegen noch immer einen kurzen Draht zu den Ex-Kollegen.[30] Im amerikanischen Geheimdienstjargon wird die Branche der front companies als BUSINTEL bezeichnet – als Brücke zwischen Business (Wirtschaft) und Intelligence (Geheimdienste).

Seit den achtziger Jahren, als die ersten front companies gegründet wurden, hat sich die junge BUSINTEL-Branche erfolgreich entwickelt. Besonders seit dem Fall des Eisernen Vorhangs und den zunehmenden Investitionsinteressen US-amerikanischer Firmen im ehemaligen Ostblock boomt das Geschäft. Nach einer Umfrage der Hallcrest Systems Inc. von 1994 verzeichnen die front companies einen Jahresumsatz von insgesamt 3,3 Milliarden Dollar. Bis zur Jahrtausendwende erwartet die Branche eine Steigerung auf 4,6 Milliarden Dollar jährlich.[31]

Zu den bekanntesten BUSINTEL-Vertretern gehören die Kroll Associates Inc. – sie wurde von den Kuwaitis nach dem Golfkrieg beauftragt, das vom Irak geraubte Vermögen wiederzubeschaffen – und die Society of Competitive Intelligence Professionals (SCIP) in Washington.[32]

## Parvus weltweit

Als die derzeit erfolgreichste front company gilt die Parvus Group aus Silver Spring im Bundesstaat Maryland. Das Unternehmen wurde 1984 von Gerard P. Burke, in den Siebzigern Vize-Chef der NSA, gegründet und macht heute einen Jahresumsatz von zehn Millionen Dollar.[33]

Die 40 Mitarbeiter der Parvus – viele von ihnen sind ehemalige CIA- und FBI-Leute – erstellen Berichte über politische und ökonomische Entwicklungen in jedem gewünschten Land und erledigen auch „spezielle Einzelaufträge“, die schon mal – je nach Auftragsumfang – eine halbe Million Dollar kosten können. Die Parvus, die laut ihrem Gründer Burke „ein aktiver Nachrichtendienst“ ist, arbeitet in mehr als 50 Ländern auf allen Kontinenten. Sie unterhält Büros in Moskau, Rio de Janeiro, London und Paris und ist spezialisiert auf Operationen in „komplizierten“ Länder wie in Afrika und dem ehemaligen Ostblock.

Kein Wunder, gehören neben dem Parvus-Gründer und Ex-NSA-Vize Burke doch noch weitere echte „Schwergewichte“ aus der Geheimdienst-Szene zum Team: Tatjana Gau, die aus dem CIA-Direktorat für Operationen stammt und sechs Sprachen perfekt spricht; Larry Laser, der eine Zeitlang die Verantwortung für die CIA-Operationen in Lateinamerika trug und später Chef der Anti-Drogen-Projekte des Dienstes wurde; Robert Wade, ehemaliger Chef der Spionageabwehr beim FBI. Als Berater der Parvus agieren unter anderem Ex-CIA-Chef Richard M. Helms und der frühere Direktor des militärischen Nachrichtendienstes DIA, James A. Williams.

Auch in Deutschland ist die Parvus präsent. Dem deutschen TV-Journalisten Jo Angerer bestätigte Parvus-Vizechefin Tatjana Gau, daß Parvus „hauptsächlich auf dem Gebiet der vertraulichen Hintergrund-Recherche über Joint-venture-Partner“ in Deutschland aktiv geworden sei. „Außerdem haben wir beträchtliche Arbeit auf dem Gebiet der politischen Risiko-Einschätzung und Risiko-Management-Planung für amerikanische Unternehmen geleistet“, so Tatjana Gau.[34] Dabei habe sich die Parvus auf ein „Netz von Quellen und Kontakten, das hauptsächlich aus ehemaligen Geheimdienstlern und früheren Regierungsbediensteten besteht“, stützen können. Informationen habe man aber auch von „amerikanischen Kontaktpersonen erhalten, die mit ehemaligen deutschen Geheimdienstlern zusammenarbeiten".[35]

Für Aufsehen sorgte 1992 der Besuch von Parvus-Chef Gerard Burke in Moskau. Dort traf er mit dem früheren KGB-General Juri Drosdow, dem einstigen Herrscher über ein weltweites Agentennetz, zusammen. Burke leitete in Moskau eine internationale Delegation von Sicherheitschefs großer Firmen und ehemaligen Geheimdienstlern. Die Delegation führte Gespräche mit 15 russischen Sicherheitsunternehmen, Afghanistan-Veteranen, russischen Geheimdienstlern und Verschlüsselungsexperten. Ziel war es, Partner zu finden, die westlichen Unternehmen durch den russischen Bürokratendschungel helfen und sie vor den Attacken der Mafia und der Konkurrenz schützen.[36]

Parvus-Chef Burke wurde bei seinem Besuch in Moskau fündig: Noch im selben Jahr schloß das Unternehmen einen Partnerschaftsvertrag mit der russischen „Association for Business Security" (ABS), die ausländischen Firmen in Moskau seine Dienste anbietet. Chef der ABS ist ein ehemaliger Gegenspieler von Burke: Viktor Budanow, früher Chef der Gegenspionage im KGB-Bereich Wissenschaft und Technik. Gemeinsam wollen die Ex-Geheimdienstler aus Washington und Moskau jetzt ihr Wissen über Firmen und Personen nutzen, um die Unternehmen, die sie bezahlen, im Konkurrenzkampf zu stärken.

## Der neue Typ des Firmenberaters

Die Expansion der BUSINTEL-Branche steht Europa noch bevor. Und in den USA ist sie längst nicht abgeschlossen. In der immer schärfer werdenden Diskussion um Budget- und Personalkürzungen bei den Geheimdiensten ist die „Privatisierung" der Wirtschaftsspionage eine gute Gelegenheit, den Staatshaushalt zu entlasten. Außerdem – und das ist wichtig für die internationale Reputation – stehen nicht mehr die Geheimdienste einer Regierung an vorderster Spionage-Front, obgleich ihre Aktivitäten bei der Ausforschung ausländischer Firmen und Volkswirtschaften kaum nachlassen dürften.

In welche Richtung sich die BUSINTEL entwickeln wird, war Gegenstand einer Tagung der amerikanischen Vereinigung ehemaliger Geheimdienst-Mitarbeiter AFIO im November 1995 in San Francisco. Hauptthema war der Zusammenschluß von staatlichen und privaten Aufklärungskapazitäten im Kampf um die Vormachtstellung der USA im Welthandel. Paul Caldwell von der Society of Competitive Intelligence Professionals (SCIP) stellte fest, Firmen brauchen und wollen keine Spionagehilfe vom CIA. Die Informationen, an denen Unternehmen interessiert seien, könne man zum überwiegenden Teil aus dem Internet und aus offenen Materialien gewinnen. Diese Informationen müßten, angereichert durch geheimdienstliche Erkenntnisse, in BUSINTEL-Centers für die Entscheidungsträger in den Unternehmen aufbereitet werden. Caldwell erhielt Unterstützung von Sam Perry, Chef von Perry Corporation, einem Unternehmen, das auf die Entwicklung von BUSINTEL-Systemen spezialisiert ist. Perry sprach sich dafür aus, Geheimdienst-Know-how zwischen dem staatlichen und dem privaten Sektor zu teilen. Daraus könnte die völlig neue Form eines Firmenberaters entstehen, der „Corporate Busintel Officer".[37]

Die BUSINTEL-Firmen legen stets Wert auf die Feststellung, daß sie keine Wirtschaftsspionage betrieben, sondern ihre Informationen durchweg aus „open sources", offenen Quellen, beziehen. Dazu nutzten sie vorrangig Publikationen im Internet, Firmenveröffentlichungen, Gespräche mit Unternehmern und Industrieverbänden, nichteingestufte Analysen von Wirtschaftsinstuituten, die internationale Presse sowie Hintergrundgespräche mit Wirtschaftsexperten der Geheimdienste. Eine direkte Zusammenarbeit, etwa auf Honorarbasis, mit US-Diensten gebe es jedoch nicht.

Dem widersprach im Jahre 1995 ein bemerkenswerter Artikel des in Frankreich verfaßten Geheimdienst-Reports „Intelligence". Der Report berief sich auf einen früheren CIA-Mitarbeiter, der dem Magazin Einzelheiten über ein „weltweites kommerzielles Spionagenetzwerk" mitgeteilt hatte, zu dem auch mehrere BUSINTEL-Firmen Kontakt hielten.

In diesem seit Jahren existierenden Netzwerk arbeiten danach aktive und ehemalige CIA-Mitarbeiter mit einer Vielzahl ausländischer Geheimdienstler zusammen. Ziel dieses Netzwerks – so der frühere CIA-Offizier – sei es, „negative Informationen über amerikanische und ausländische Konzernangestellte, Geschäftsleute und ihre Unternehmen zu sammeln und diese an Personen zu verkaufen, die die Informationen für politischen Druck oder Firmenübernahmen verwenden" würden. Er berichtete von einem pensionierten Geheimdienstler einer CIA-gesteuerten Consulting-Firma in Virginia, der ihm Mitte der achtziger Jahre ein monatliches Salär angeboten habe, wenn er Geheimakten und personenbezogenen Informationen aus CIA-Unterlagen besorgen würde. Außer ihm seien noch fünf weitere ehemalige CIA-Leute von der Consulting-Firma angesprochen worden.

Der CIA-Offizier sagte, er habe den Vorfall an seinen Vorgesetzten, CIA-Inspector General William Donelly, weitergemeldet, aber die Sache wurde nicht verfolgt. Der Werber bekam sogar 1988 noch eine Medaille anläßlich seiner Pensionierung.

Tatsächlich hatte die Washington Post vor einigen Jahren berichtet, gegenwärtige und frühere Geheimdienstler hätten bestätigt, daß der Zusammenschluß von Wirtschaftsspionen in befreundeten Ländern bereits seit Jahren voranschreite. Das geschah offenbar im Zusammenhang mit der Bildung der National Collection Division (NCD) beim CIA. Der damalige CIA-Direktor William Casey hatte 1982 die NCD als Nachfolger der Soviet Collection Division ins Leben gerufen. Die NCD wurde mit dem Zusammenführen von Informationen aus Ost und West beauftragt; der Schwerpunkt lag dabei auf einem detaillierten Überblick des technologischen Entwicklungsstandes ausländischer Volkswirtschaften und der Dokumentation wichtiger Erzeugnisse und Industrien sowie dem Beschaffen von Informationen über Wirtschaftsführer und deren politische Freunde.

Mitte 1994 waren in diese Informationsbeschaffung des CIA mehr als 150 amerikanische Firmen eingebunden, die verdeckt für die Agency Informationen sammeln.[38]

# Frankreich – Angriff aus Fort Noissy

Die Operation „Jetstream" war ein Schock für die grande nation. Agenten des britischen Geheimdienstes MI6 hatten 1996 aus dem französischen Marinehafen Brest eines der bestgehüteten Militärgeheimnisse der Franzosen entwendet: Eine Technologie, die Satelliten das Aufspüren von Atom-U-Booten unter Wasser möglich macht.[1]

Einbezogen waren in die Operation mehrere Journalisten und Rüstungsspezialisten eines Fachmagazins, die im Auftrag der Briten zum Teil schon seit 20 Jahren in Frankreich lebten. Sie hatten im Laufe der Zeit vertrauliche Beziehungen zu französischen Experten aufgebaut. Einer dieser Experten war es schließlich auch, der die neue Technologie an die britischen Spione übergab – für ein paar tausend Pfund.

Der spektakuläre Spionagefall zeigt, daß die grande nation nicht nur – wie es vor allem in den USA stets dargestellt wird – ein skrupelloser Täter bei der Wirtschaftsspionage ist, sondern auch ein begehrtes Opfer anderer Dienste. Die Franzosen selbst haben das schon immer betont.

Wie der Direktor der französischen Spionageabwehr DST, Philippe Parant, 1995 sagte, fielen mittlerweile sechs von zehn Fällen, die seine Behörde zu bearbeiten habe, in den Bereich der Wirtschaftsspionage.[2] Besonders bedroht fühlt sich Paris von den kleinen eingangs erwähnten amerikanischen BUSINTEL-Firmen. Denn nach der Ausweisung von fünf CIA-Agenten im Februar 1995 haben französische Spionageexperten festgestellt, daß die CIA ihre traditionellen Operationen von der US-Botschaft aus zwar verringert hat, die Wirtschaftsspionage ist aber seitdem intensiviert worden. Sie geht zunehmend von kleinen amerikanischen Privatfirmen aus, die sich in Frankreich etabliert haben.[3]

Dennoch ist unbestritten, daß die Franzosen mit einer unerschütterlichen Selbstverständlichkeit ihre Geheimdienste einsetzen, um der heimischen Wirtschaft Vorteile im internationalen Wettbewerb zu verschaffen. Gefördert wird dies dadurch, daß viele der großen Konzerne Frankreichs sich noch in Staatsbesitz befinden.

Die Manager dieser Unternehmen wechseln häufig aus der Wirtschaft in die Nachrichtendienste, von dort in den Diplomatischen Dienst und kehren dann nach einiger Zeit wieder in die Unternehmen zurück. Der Kontakt und die Zusammenarbeit mit den französischen Geheimdiensten ist daher auch für viele Unternehmensleitungen nichts Besonderes.

## Konzerne helfen mit

Auch die Geheimdienste selbst machen keinen Hehl daraus, daß sie Wirtschaftsspionage betreiben. Pierre Marion, ehemaliger Direktor des Auslandsgeheimdienstes Direction Général de Sécurité Extérieur (DGSE), hat in seiner Amtszeit in den 80er Jahren die Spezialabteilung Nr. 7 ins Leben gerufen, deren Hauptaufgabe nach wie vor in der Wirtschaftsspionage besteht. Er begründet dies damit, daß die Wirtschaft heute mehr als noch früher zu einem wichtigen Faktor für die nationale Sicherheit und Macht der einzelnen Länder geworden sei. Deshalb sei die Wirtschaftsspionage „heute ebenfalls ein wesentlich wichtigerer Bereich innerhalb der Geheimdienste als noch vor einigen Jahren“.[4]

In Fort Noissy, nördlich von Paris, hat der DGSE 1993 sein neues Hauptquartier bezogen. Auf mehr als dreieinhalbtausend Mitarbeiter wird der Personalbestand geschätzt, allein 1000 neue Leute hat der Dienst seit 1993 rekrutiert. Hauptsächlich Mitarbeiter, die studiert haben, über technisches und ökonomisches Wissen verfügen, auf bestimmte Fachbereiche spezialisiert sind. Sie bilden den neuen Stamm der Wirtschaftsspione Frankreichs.

Im unauffälligen Bau von Fort Noissy, der über ein unterirdisches Wegenetz von insgesamt 17 Kilometer Länge verfügt, werden nicht nur die von „menschlichen Quellen“ beschafften Informationen ausgewertet. Hier laufen auch die Protokolle der Telefon- und FAX-Gespräche ein, die beispielsweise in der Abhörzentrale des DGSE im deutschen Landau in der Pfalz mitgeschnitten werden. Das große „Ohr“ der Franzosen in Landau belauscht den Richtfunkverkehr in Deutschland – von Geschäftsleuten, Politikern und Privatpersonen.

Neben dieser Lauschstation hört der DGSE auch mit seiner Abhörstation am Mont Valérien nach Deutschland hinein. Ähnliche Aufgaben erfüllen zwei Stationen an der deutsch-schweizerischen Grenze, die der DGSE zusammen mit dem schweizer Geheimdienst betreibt.[5]

Diese Aktivitäten gegen Deutschland trübennatürlich das Verhältnis zum Bundesnachrichtendienst. Trotzdem ist die DGSE einer der wichtigsten Partnerdienste des BND.

Bei ihren Spionageaktivitäten kann die DGSE auch auf Unterstützung durch die Industrie zählen. Zwar unterhalten französische Großunternehmen wie Banken und Ölgesellschaften eigene Aufklärungsorganisationen. Dennoch arbeiten auch diese Unternehmen eng mit der DGSE zusammen und tauschen Erkenntnisse aus. Auch bei Geheimdienst-Operationen sind die Firmen gern behilflich. So baute der staatseigene Energiekonzern Elf Aquitaine 1982 ohne Genehmigung eine Straße zum britischen Atomwaffentestgelände im südaustralischen Maralinga. Die Baumaßnahme diente dazu, möglichst unauffällig Bodenproben des verseuchten Gebietes zu entnehmen und heimlich nach Frankreich zu schmuggeln. Aus der Analyse der Proben wollten Atomwaffenexperten in Paris Rückschlüsse auf das britische Nuklearprogramm ziehen.[6]

Doch die Vormachtstellung der DGSE in der französischen Wirtschaftsspionage ist nicht mehr so unangetastet. Die Konkurrenz kommt vom Nachrichtendienst des Premierministers, dem Secretariat General de la Defense Nationale (SGDN). Das SGDN ist vor allem von dem ehemaligen französischen Präsidenten Francois Mitterand ausgebaut und gefördert worden, der mit diesem Dienst – ähnlich wie Boris Jelzin in Rußland – ein Gegengewicht zu den großen drei Diensten DGSE, DRM (Militär-Geheimdienst) und DST (Inlands-Geheimdienst) schaffen wollte.

Voran brachte das SGDN das Dekret 95-350, das am 1. April 1995 von Präsident Mitterand, Premier Balladur und sieben Ministern unterzeichnet wurde. Es wies das SGDN an, ein Comite pour la Competitivete et la Securite Economique (CCSE, Komitee für Wettbewerb und Sicherheit der Wirtschaft) zu bilden, eine eigene Abteilung für Wirtschaftsaufklärung.

Unter Hinweis auf die fortgeschrittene Wirtschaftsaufklärung in Japan, Deutschland, Schweden und den USA stellte der Erlaß fest, daß „Information ein wichtiger strategischer Rohstoff geworden ist“. Wirtschaftsaufklärung sei die „Koordinierung aller Aktivitäten zur Sammlung, Analyse, Verteilung und Schutz von Informationen im Interesse der Regierung und des privaten Sektors". Das CCSE berät den Premier in allen Fragen der Wirtschaftsspionage. Die sieben Mitglieder des Komitees kommen vorwiegend aus dem staatlichen Wirtschaftssektor und werden vom Premier ausgewählt.

Die ersten sieben Mitglieder waren 1995 Bernard Esambert (Banque Arjil), Jean Gandois (CNPF), Philippe Jaffre (Elf Aquitaine), Jean-Luc Lagardere (Groupe Lagardere), Andre Levy-Lang (Paribas), Henri Martre (AFNOR) und Luc Montagnier (Institut Pasteur).

Das CCSE konzentriert sich jedoch – anders als die DGSE – auf die Auswertung sogenannter offener Quellen. Dazu nutzt es ein Computer-System des SGDN, das unter Leitung seines früheren Direktors Col. Louis Delais installiert wurde. Die Computer-Software erlaubt eine effektive Informationsanalyse und eine systematische Überwachung wissenschaftlicher und technologischer Entwicklungen durch die intensive Auswertung von „open sources".[7]

## Graue Eminenzen

Die beiden zivilen Hauptakteure bei der französischen Wirtschaftsspionage sind das Laboratoire de Communication et Information Scientifique (LABCIS) der Universität von Poitiers und die halbstaatliche BUSINTEL-Firma Intelco, geführt vom früheren Geheimdienstler Jean Pichot-Duclos.

Beide Einrichtungen sind verantwortlich für die Herausgabe einer Schrift, die in Frankreich als „Handbuch der Wirtschaftsspionage" gilt. Sie wurde im Oktober 1994 als Sonderausgabe der Zeitschrift „Echanges" veröffentlicht, die von der Association Nationale des Directeurs Financiers et de Controle de Gestion (DFCG) herausgegeben wird. Die DFCG ist Mitglied der International Association of Financial Executives Institutes.

Die elf Artikel des Heftes geben zum einen den Inhalt eines Berichts des Commisariat General au Plan wieder, ergänzt um Beiträge von Mitarbeitern von LABCIS. Sie beinhalten aber auch Überblicke, Strategien und Fallstudien, einschließlich Fayards Analyse der japanischen Wirtschaftsspionage-Strategie und dreier detaillierter Fälle von Finanzspionage. Das Interesse, das die DFCG an Wirtschaftsspionage zeigt, weist darauf hin, daß in Frankreich zunehmend die „financial directors" von Firmen in die Wirtschaftsspionage einbezogen werden. Das unterscheidet sich vom angelsächsischen Modell, wo die „security directors" und „strategy directors" für diesen Bereich zuständig sind. In französischen Firmen gelten dagegen die „financial directors" als die grauen Eminenzen. Sie erarbeiten die Maßnahmen und Strategien zur Wirtschaftsspionage, die sie den Präsidenten der Unternehmen zur Entscheidung vorlegen.[8]

# Deutschland – Diskretion Ehrensache

Die Amerikaner waren sauer: Die störrische Haltung der Deutschen zwinge zu weiteren Maßnahmen, hieß es aus dem Kreis der US-Delegation. Lautstark und turbulent waren kurz zuvor die Verhandlungen in einem Tegernseer Hotel zu Ende gegangen. Regierungsvertreter, Techniker und Wissenschaftler aus Deutschland und den USA hatten sich an diesem 19. Januar 1996 um eine einvernehmlichen Lösung für den Betrieb des Forschungsreaktors Garching (FRM II) bei München bemüht. Umsonst - man trennte sich im Streit.

Bei dem Streit ging es um die Pläne der Deutschen, den FRM II mit hochangereichertem, also atomwaffenfähigem Uran zu betreiben. Dazu sollen jährlich 40 Kilogramm des Bombenstoffes in Rußland gekauft werden - eine Menge, die zur Produktion von zweieinhalb Atombomben reicht.

Die Deutschen begründeten die angestrebte Liaison mit Rußland damit, daß die in der ehemaligen Sowjetunion herumvagabundierenden Mengen an waffenfähigem Spaltmaterial wie Plutonium und Uran eine Gefahr für die Menschheit darstellen. Gerät der Bombenstoff in die Hände von Terrorgruppen oder fundamentalistischen Regierungen, würde eine neue Gefahr für die westliche Welt entstehen. Der Westen stehe in der Verantwortung, das zu verhindern. Deutschland wolle daher mit gutem Beispiel vorangehen und das russische Uran für den FRM II einsetzen.

Die Amerikaner aber überzeugt diese Argumentation wenig. Zum einen fürchten sie, daß die Bundesrepublik den Handel mit Uran „salonfähig" machen werde. Zum anderen argwöhnen sie, daß die Deutschen ein eigenes Atomwaffenprogramm planen. Immerhin würde die Bundesrepublik mit dem „Rohstoff" für den Garchinger Forschungsreaktor erstmals allein über waffenfähiges Spaltmaterial verfügen und wäre damit theoretisch in der Lage, selbst Atomwaffen herzustellen.

Wohl auch aus diesem Grund reiste daher ausgerechnet eine Delegation des US-Energieministeriums im Januar 1996 in Deutschland an. Verfügt diese Behörde doch über ein eigenes „Office of intelligence", eine Spionageabteilung, die zum Verbund der US-Dienste, der community intelligence, gehört. Ihre Aufgabe: Mit den Mitteln der Wirtschaftsspionage soll das Office Informationen über Proliferation, also die Weiterverbreitung von Massenvernichtungswaffen und dazugehöriger Trägersysteme, beschaffen.

Nachdem die Gespräche am Tegernsee gescheitert waren, dauerte es nur wenige Tage, bis ein „streng vertraulicher" Bericht der Internationalen Atomenergiebehörde (IAeO) den internationalen Medien zugespielt wurde. War dies eine der „weiteren Maßnahmen", mit denen die US-Unterhändler gedroht hatten?

Aus dem Bericht geht hervor, daß der deutsche Ingenieur Karl-Heinz Schaab aus Kaufbeuren bis zum Golfkrieg 1991 kistenweise geheime Unterlagen an den Irak geliefert haben soll, mit denen Diktator Saddam Hussein sein Atomwaffen-Programm forcieren konnte. Bei den Papieren handele es sich um Konstruktionszeichnungen für Zentrifugal-Anlagen, mit denen kernwaffenfähiges Uran hergestellt werden kann.[1]

Der Ingenieur, so der IAeO-Bericht, habe eine eigene Firma in Deutschland betrieben und sei unter falschem Namen mehrmals in den Irak gereist, um dort in den Geheimfabriken den Zusammenbau der Produktionsanlagen zu überwachen. Daneben hatte Schaab auch Komponenten für diese Zentrifugen geliefert. Eine Tatsache, die die IAeO aufschreckte: In ihrem Bericht an den UN-Sicherheitsrat schrieb die Wiener Behörde, daß „der Zugriff dieses Mannes auf technische Spezialteile ... hochgradig bemerkenswert" sei.[2] Insgesamt honorierten Saddams Leute den Einsatz des Kaufbeurener Ingenieurs mit einer Million Mark.[3]

Mit der – für die Amerikaner sehr willkommenen – Enthüllung stand Deutschland wieder einmal als Unterstützer eines verbrecherischen Diktators am Pranger. Schon einmal, im Jahre 1988, war bekanntgeworden, daß deutsche Chemiefirmen am Bau einer Giftgasfabrik in der libyschen Wüste bei Rabta beteiligt sind. Die Informationen hatte der amerikanische Geheimdienst National Security Agency (NSA) durch Abhöroperationen gegen deutsche Unternehmen gewonnen.

Nur mit Mühe konnte Bonn damals die Amerikaner beruhigen, die von einem „Auschwitz in the Sand" (New York Times) sprachen. Noch peinlicher wurde die Angelegenheit, als sich herausstellte, daß der BND über den Fortgang der Arbeiten in Libyen und die beteiligten Firmen seit 1985 voll im Bilde war – durch eine Quelle vor Ort, kooperative Firmenmanager und abgehörte Telefongespräche. Doch die Affäre wurde von Bonn als ein Alleingang des Pullacher Dienstes dargestellt. Die Bundesregierung sei – entgegen üblicher Praxis – nicht informiert worden, hieß es.

Für die Öffentlichkeit - und vor allem die USA - demonstrierte Bonn nach der Rabta-Blamage ein hartes Durchgreifen: Der Hauptlieferant für Rabta, Jürgen Hippenstiel-Imhausen, wanderte für fünf Jahre hinter Gitter (sein geschätzter

Gewinn von 60 Millionen Mark blieb jedoch unangetastet); die Exportgesetze wurden verschärft; das heutige Zollkriminalamt wurde umstrukturiert und von 144 auf 500 Mitarbeiter aufgestockt, das Bundesausfuhramt in Eschborn war künftig für die Kontrolle aller deutschen Exporte zuständig. In der Bonner Regierung wurde ein Ressortkreis Außenwirtschaft gegründet, wo vier Ministerien, der Zoll und der BND regelmäßig ihre Erkenntnisse austauschen.

Auch im Bundesnachrichtendienst gab es Konsequenzen. Die für Proliferation zuständige Abteilung 11B wurde erheblich ausgebaut, die Kompetenzen für das Abhören von Funk- und Satellitenverbindungen erweitert. Bonn hatte dem BND ein klares Leitmotiv vorgegeben: „Nie wieder Rabta" heißt die Devise. Sie könnte auch heißen: Deutsche Firmen dürfen sich nie wieder erwischen lassen.

## Die Angst vor einem neuen Rabta

Aber schon im April 1990 lagen dem BND Informationen über eine „neue libysche Kampfstoffabrik" vor. Sie werde in Sebha, einem Militärstützpunkt, „unter einem ehemaligen Fort" errichtet und „mit libyschen B-Waffen-Überlegungen (Forschung) sowie Raketenentwicklungen in Zusammenhang gebracht", heißt es in einem BND-Dokument, Kennung: 35 Y - 0336/90, vom 19. April 1990.

Die Pläne für die Fabrik in Sebha entsprachen nach BND-Erkenntnissen „in den wesentlichen Details den Plänen für die chemische Technik in Rabta". Auch die Meß- und Regeltechnik, hergestellt vom deutschen Siemens-Konzern, und die Mischer und Reaktoren, produziert von der Imhausen-Chemie im badischen Lahr, stimmten mit den Rabta-Anlagen überein. „Daraus läßt sich schließen, daß die für Sebha gewählten

Reaktionsführungen gleichfalls zu (den Kampfgasen – d.A.) Lost und Sarin führen sollen", hieß es warnend in dem BND-Papier. Unter Punkt 4.5 kam schließlich noch ein bundesdeutsches Unternehmen ins Spiel: „Die deutsche Firma Thyssen soll Hydraulik-Aufzüge liefern."

Doch obgleich der BND seit dem Frühjahr 1990 über Ghaddafis neue Giftfabrik im Bilde war, wurden die Lieferungen der deutschen Komponenten, insbesondere des Steuercomputers Teleperm von Siemens, nach Libyen nicht verhindert. Zwischen 1990 und 1993 verschwanden 15 dieser Siemens-Computer in den Nahen Osten, unter anderem nach Libyen und Syrien. Und das zum Teil unter den Augen des BND: Pullacher Schlapphüte hatten sich im September 1992 an den in Belgien lebenden Lieferanten der Teleperm-Anlagen, den Libanesen Berge Balanian, herangemacht und ihn zu insgesamt neun konspirativen Treffs einbestellt.[4]

Erst im August 1996 mußte der Dienst weichen – Die Justiz der Bundesrepublik erließ einen Haftbefehl gegen Balanian, nachdem ihn deutsche Mittelsmänner belastet hatten. Doch bevor die Fahnder zugreifen konnten, war Balanian über alle Berge. Hatte er einen Tip vom BND bekommen?

Möglicherweise wollte man verhindern, daß Balanian allzu ausführlich über seine Kooperation mit dem Bundesnachrichtendienst plaudert. Es wäre nicht das erste Mal, daß der BND als aktiver Helfer beim Schmuggel von Waffen und Hochtechnologien enttarnt wird. Beim BND verweist man offiziell stets darauf, daß der Auftrag des Dienstes lediglich im Enttarnen und Überwachen von illegalen Waffen- und Technologietransfers besteht. Dazu hört Pullach über große Lauschstationen – beispielsweise in Bad Aibling, Husum (Objekt „Kastagnette") und an der deutsch-belgischen Grenze – den Fernmeldeverkehr mit dem Ausland ab oder plaziert Agenten in zwielichtigen Beschafferfirmen des In- und Auslandes.

Stolz verweisen die BND-Mitarbeiter im Proliferations-Referat 11B auf ihre umfangreiche Datenbank, in der eine Fülle von Informationen über jene Firmen und Geschäftsleute gespeichert ist, die in illegale Exporte verwickelt sind. Dank dieser Informationen könne man die meisten „Beschaffungslinien" überwachen, über die sich die Regierungen des Nahen und Mittleren Ostens Komponenten für ihre Waffenprogramme in Deutschland zusammenkaufen, rühmen sich die Auswerter.

Doch der BND beläßt es nicht beim Belauschen und Überwachen. Daß Pullacher Schlapphüte immer wieder im Dunstkreis solcherart „heißer Geschäfte" auftauchen, könnte daran liegen, daß der Bundesnachrichtendienst seine Aufgabe auch darin sieht, den Verkauf sensitiver Technologien aus deutscher Produktion und deren Lieferung in Krisengebiete und Schwellenländer logistisch abzusichern. Dies mit dem Ziel, der bundesrepublikanischen Wirtschaft – sozusagen in einer spezifisch deutschen Form der Wirtschaftsspionage – zu Diensten zu sein.

Entgegen kommt dem BND dabei, daß er seine Erkenntnisse über strafrechtlich relevante Vorgänge nicht in jedem Fall den Partnern im Bundeskriminalamt und im Zollkriminalamt übermitteln muß; was im übrigen nicht gerade zu einem freundschaftlichen Umgang der Behörden mit dem BND beiträgt. Aber die Pullacher Berufsspione unterliegen dem Opportunitätsprinzip, das heißt, sie müssen nicht jede der festgetellten Straftaten unmittelbar bei den Strafverfolgungsbehörden anzeigen.

Doch das „Sammeln-und-Wegschauen"-Prinzip hat dem BND – wie im Fall der libyschen Giftgasfabriken – wiederholt Ärger eingebracht. Dabei wird übersehen, daß die Entscheidung zum Eingreifen letztlich in Bonn gefällt werden muß und nicht in Pullach.

## Deutsche Wirtschaft über alles

Sowohl die Aufsichtsbehörde über den BND, das Kanzleramt, als auch das Bundeswirtschaftsministerium (BMWi) werden regelmäßig vom BND über das Exportgebaren deutscher Firmen unterrichtet. So erhält das BMWi sogenannte „warning lists“ aus Pullach, auf denen Erkenntnisse über illegale Exporte und beteiligte Unternehmen beschrieben sind.

Das war auch schon zu Zeiten des Kalten Krieges usus. So berichtete bereits ab Mitte der siebziger Jahre der BND dem Bundeswirtschaftsministerium über den Schmuggel embargobehinderter Technologien in den Ostblock. Detailliert wurde die Beteiligung des DDR-Devisenimperiums Kommerzielle Koordinierung (KoKo) von Alexander Schalck-Golodkowski beschrieben und die einbezogenen Stasi-Firmen beim Namen genannt. Zu Konsequenzen für deutsche Unternehmen aber führte das nicht. Im Gegenteil: Das Hanauer Unternehmen Leybold Heraeus lieferte Anlagen zur Computer-Herstellung in die DDR, eine Unterdruckkammer des Rüstungsunternehmens Messerschmitt-Bölkow-Blohm fand seinen Weg durch die Mauer, und Siemens gar schulte in Ost-Berlin Stasi-Leute an den eigenen High-Tech-Computern. Alles mit Wissen und Duldung durch Bundeskanzleramt und Bonner Regierung, die über die Embargolieferungen in die DDR vom BND auf dem laufenden gehalten wurden.

Doch nicht nur im innerdeutschen Handel ging man sanft mit der Industrie um. Als 1987 BND-Berichte über deutsche Firmenbeteiligungen an der Aufrüstung des Iran im BMWi eintrafen, zeigten die Ministeriellen Verständnis für das Engagement der Firmen. Das geht aus einem „streng vertraulich“ eingestuften Aktenvermerk eines Firmenvertreters über ein Treffen im Bundeswirtschaftsministerium vom 18. August 1987 hervor.

In der Besprechung im BMWi, an dem auch ein Ministerialdirigent vom Auswärtigen Amt teilnahm, ging es um den Bau einer Pestizid-Fabrik im Iran, der sich zu jener Zeit im Krieg mit dem Nachbarstaat Irak befand. An dem Projekt waren von deutscher Seite die Bayer AG und das Unternehmen Lurgi beteiligt.

In der Beratung äußerten die Beamten laut Aktenvermerk, daß man „entsprechende Schritte der Amerikaner gegen die Bundesregierung (befürchtet), da wir eine solche Anlage in einem Krisengebiet erstellen würden und da weiterhin bekannt ist, daß der Iran bereits C-Waffen eingesetzt hat". Schließlich könnte „die von uns dort bearbeitete Anlage durch gewisse Umbauten auch Kampfstoffe produzieren". Zwar sei das Problem für das BMWi „nicht von 'hervorragender Relevanz', es sei aber zu befürchten, daß die Situation von vielen Stellen sehr unliebsam politisch negativ ausgenutzt werde". Zum Beleg für diese Aussage zeigte der BMWi-Vertreter den Managern einen „recht umfangreichen Bericht", der bereits vom BND vorliege. Er las dann einige Passagen daraus vor. „Ganz offensichtlich sind dem BND praktisch alle Daten unseres Projektes bekannt", heißt es in dem Aktenvermerk.

Dennoch – abschließend bittet der BMWi-Beamte die Firmenvertreter lediglich darum, die Entscheidung für das Projekt noch einmal zu überdenken. Das Ergebnis solle ihm in entsprechender Form mitgeteilt werden, jedoch wurde darum gebeten, „keinerlei Schriftverkehr hierüber zu führen".

Auch nach Rabta dürfte sich an dem zaghaften Umgang des BMWi und des Kanzleramtes mit den BND-Erkenntnissen nichts geändert haben. Der Schutz deutscher Wirtschaftsinteressen steht über allem. Nur so ist zu erklären, daß vier Fünftel der irakischen Giftgasanlagen aus der Bundesrepublik stammen, daß jede vierte Lieferung zur technischen Verbesserung von Husseins Scud-B-Raketen deutsche Absender trugen, daß ohne bundesdeutsche Hilfe sich der Bau der libyschen und syrischen Kampfstoffabriken um Jahre verzögert hätte.

Selbst in Pullach regt sich aber inzwischen leiser Zweifel an dem undifferenzierten Bonner Wirtschaftslobbyismus. Die Politiker haben nicht erkannt, warnen hochrangige Mitarbeiter aus dem Proliferations-Referat 11B, daß die Welt nicht mehr so einfach sei wie vor 1989. In zehn Jahren werde es eine ganze Reihe von Staaten geben, die die westliche Welt mit ihren Waffen bedrohen. Das System der nach dem Wegfall von CoCom eingeführten internationalen Exportkontrolleinrichtungen, fünf an der Zahl, könne diese Entwicklung bestenfalls verzögern und für die Schwellenländer verteuern - aufhalten werde man sie jedoch mit der gegenwärtigen Politik nicht.

## Mit COMPINT gegen Sinnkrise

Auch wenn es der BND gern so darstellt – die Überwachung der Wirtschaft und ausländischer Firmen geschieht nicht nur im Bereich der Proliferation. Selbstverständlich betreibt auch der Bundesnachrichtendienst Wirtschaftsspionage, allen Dementis zum Trotze.

Im Ausland, besonders in Frankreich und den USA, schätzt man den BND als ernstzunehmenden und professionellen Gegner. Der Dienst in Pullach betreibe die Wirtschaftsspionage am effizientesten, lobt Peter Schweizer in seinem Buch „Friendly Spies“.[5] Der Autor legt auch gleich noch eines seiner umstrittenen Beispiele nach, die die Aggressivität und Kaltschnäuzigkeit der deutschen Wirtschaftsspione belegen sollen.

Es geht um den Fall von Karl-Heinrich Stohlze, einem angeblichen Biotechnologen aus Deutschland, der 1989 in die

USA reiste. Bei einer Betriebsfeier machte er sich an die Sachbearbeiterin einer Bostoner Gentechnik-Firma heran und brachte sie mit Eheversprechen schließlich dazu, ihm geheime Unterlagen aus dem Tresor der Forschungsabteilung zu kopieren. Mit den geraubten Erkenntnissen im Koffer flog Stohlze zurück in die Heimat, derweil sich seine Geliebte, vom FBI ertappt, die Pulsadern aufschnitt.

Zwar hatte Schweizer keine Beweise für seine Geschichte, aber auch der BND hielt sich mit einem Dementi zurück. Man äußere sich nicht über die operative Arbeit in der Öffentlichkeit, heißt die stereotype Antwort des Pullacher Dienstes auf alle Anfragen.

Ein Schutzschild zum einen; zum anderen aber auch die einzige Möglichkeit, einmal die eigenen Erfolge durchsickern zu lassen, mögen sie auch mit noch so fragwürdigen Mitteln erzielt worden sein.

Denn der BND leidet unter seinem schlechten Ruf. Noch zu Zeiten des Kalten Krieges erntete er nur Häme von seinen Dienstherren. Bundeskanzler Helmut Schmidt meinte, die Neue Zürcher Zeitung biete ihm schnellere und exaktere Informationen als der BND; und auch sein Amtsnachfolger Helmut Kohl legt, wie es heißt, die BND-Analysen und -Lageberichte ungelesen beiseite. Was dort drinsteht, so Kohl, habe er schon 14 Tage vorher im Kabinett gesagt.

Ihre schwerste Sinnkrise erlebten die Schlapphüte aus Pullach jedoch mit dem Mauerfall und der Auflösung des DDR-Staatssicherheitsdienstes. Abgesehen davon, daß ihre internen Analysen dem tatsächlichen Geschehen in der DDR hinterherhinkten, mußten sie sich von ihren ehemaligen Gegenspielern aus der Stasi auch noch zutiefst demütigen lassen. Hatte die Spionage-Hauptverwaltung Aufklärung (HVA) doch all ihre Akten vernichtet bis auf 45 laufende Meter, die sie „zur Information“ den westdeutschen Beratern um Eckart

Werthebach zurückließ: Eine Aufstellung sämtlicher 6800 BND-Mitarbeiter in aller Welt mit Klar-, Deck- und Arbeitsnamen sowie Privatanschriften und besonderen Kennzeichen. Als Bonbon ließen die Stasi-Obristen die Pullacher noch wissen, daß es ihnen kurz vor der Wende gelungen war, die sensibelste Stelle des BND anzuzapfen: die besonders gesicherten Dienstleitungen der für „Sicherheit/Abwehr“ zuständigen Abteilung 5.

Eigentlich hätte man den BND danach auflösen können. Die traditionell guten Beziehungen der HVA zum Bruderdienst KGB lassen erwarten, daß sich die Russen an diesem brisanten Stasi-Erbe schadlos gehalten haben.

Aber in Bonn entschied man sich nur für eine Umstrukturierung des Dienstes. 1000 Mitarbeiter wurden entlassen, 300 neu eingestellt. Der alte BND-Präsident Wieck wurde 1990 abgelöst, an seine Stelle trat der SPD-Mann Konrad Porzner, ein treuer Parteisoldat, der eigentlich schon in Pension war.

In Bonn nutzte man die Sinnkrise und die Verwirrung im BND nach dem Ende des Kalten Krieges dazu, den Dienst stärker unter die Kontrolle des Bundeskanzleramtes zu stellen. Der Staatsminister im Kanzleramt, Bernd Schmidbauer, regierte fortan nach Belieben in den BND hinein. Der Geheimdienstkoordinator, der Faszination des Konspirativen und Geheimnisvollen erlegen, plauderte leichtfertig Erkenntnisse aus, versorgte geneigte Journalisten mit Interna und ließ keine Gelegenheit aus, Porzner zu demütigen.

Der machte es Schmidbauer allerdings auch leicht, von Gegenwehr war kaum eine Spur. Schnell hatte Porzner nämlich erkannt, daß er gegen die verkrusteten Strukturen in Pullach nichts ausrichten konnte. Und so regierten seine Abteilungsleiter mit Schmidbauers Hilfe praktisch an ihm vorbei.

Im Sinne des Kanzleramtes dürfte dann auch die Neustrukturierung der BND-Beschaffungsabteilung 1 gewesen sein, über die das Fernsehmagazin „Monitor“ am 28. Januar 1994 berichtete. Mitautor Erich Schmidt-Eenboom, Leiter des Friedensforschungsinstituts in Weilheim, präsentierte in der Sendung eine Aufstellung der geplanten neuen Ressorts der Abteilung 1. Darunter befand sich auch das Referat XX, laut Liste zuständig für „COMPINT, OK/GW“. Während letzteres unbestritten für „Organisierte Kriminalität/Geldwäsche“ steht, löste der Begriff COMPINT einen absurden Streit zwischen BND und dem „Monitor“-Sender WDR aus. Hatte „Monitor“ doch die in der US-Geheimdienstsprache übliche Abkürzung als „competitive intelligence“, also Wettbewerbsaufklärung – eine feinsinnige Umschreibung für Wirtschaftsspionage – übersetzt. Für den BND hieß es hingegen „computer intelligence“, also Aufklärung mit Hilfe von Computern. Aus dem absurden Streit ging letztlich der WDR als Punktsieger hervor. Ob die Abteilung 1 so wie geplant umstrukturiert wurde, ist allerdings nicht bekannt.

Für den BND wäre es aber auch nicht gerade eine Revolution gewesen. Lediglich, daß man das Kind mal beim Namen genannt hätte, das man schon seit mehr als zweieinhalb Jahrzehnten in Pullach päppelt – die Wirtschaftsspionage, auch gegen Verbündete.

BND-Kenner Erich Schmidt-Eenboom ist jedenfalls überzeugt davon, daß die Pullacher Behörde ihre Beschaffungsaufträge nicht nur aus Kanzleramt und Ministerien erhält, sondern auch direkt von der Industrie. Dabei geht es nicht nur um allgemeine Analysen und Trends, sondern um konkrete Informationen zu ausgewählten Firmen.[6]

Dabei stützt sich der BND – wie die amerikanische intelligence community – vorwiegend auf die funkelektronische Aufklärung. In den letzten Jahren hat der BND mit großem finanziellen Aufwand seine Lauschposten in Europa ausgebaut und auf den neuesten technischen Standard gebracht.

Vom Objekt „Orion“ in Bad Aibling, dem Objekt „Kastagnette“ in der Nordseestadt Husum und der BND-Tarnadresse „Bundesstelle für Fernmeldestatistik“ im Eifel-Dörfchen Höfen an der belgischen Grenze belauschen die Pullacher den Telefon-, Telefax-, Telex- und Datenverkehr in und nach Deutschland sowie die Nachbarstaaten.

Auch ehemalige Lauschposten der Stasi sollen inzwischen vom BND übernommen worden sein – so die große Abhöreinrichtung in Glöwen, unweit der brandenburgischen Kreisstadt Perleberg, und ein Fernmeldeturm in einem kleinen Dörfchen am südlichen Rande Berlins, mit dem das MfS die Richtfunkverbindungen zwischen Westberlin und dem Bundesgebiet überwachte.[7] Beide Einrichtungen sind von ihrer Lage für die Überwachung der östlichen Nachbarn Deutschlands von Bedeutung.

Mit diesen Anlagen belauschen die Abhörexperten des BND täglich Hunderttausende von Telefon- und Telefaxverbindungen. Es werden allerdings nur der Auslandsverkehr sowie die vom Ausland nach Deutschland führenden Kommunikationsverbindungen überwacht, sagte 1993 der damalige Leiter der „Technischen Aufklärung“ im BND, Konteradmiral Gerhard Güllich, im „Spiegel“. Ansonsten halte man sich an eine Weisung aus dem Jahre 1979, „alle anfallenden Einzelnachrichten, die von einer durch das Grundgesetz geschützten Person stammen oder an sie gerichtet sind, unverzüglich zu vernichten“.[8]

Bis zu 4000 Telefongespräche – so schätzen Experten – werden pro Tag vom BND herausgefiltert und auf Tonbändern aufgezeichnet, die bei bestimmten „Suchbegriffen“ anspringen. Diese Begriffe – von der Parlamentarischen Kontrollkommission (PKK) des Bundestages beschlossen – entstammen hauptsächlich dem Sprachgebrauch in der Organisierten Kriminalität, dem internationalen Drogen-, Waffen- und

Technologiehandel sowie der Geldwäsche. So schreibt es jedenfalls das seit Ende 1994 geltende neue Verbrechensbekämpfungsgesetz vor, das dem Bundesnachrichtendienst weitreichende Vollmachten einräumt.[9] Da diese „magischen Worte“ jedoch aus nachvollziehbaren Gründen nicht bekannt sind, können auch ahnungslose Telefonteilnehmer auf die BND-Tonbänder gebannt werden. Eine Gefahr, der das Bundesverfassungsgericht im Juli 1995 einen Riegel vorschob. Seitdem darf der BND die von ihm abgehörten Telefonate nur noch dann auswerten, wenn ein „hinreichender Tatverdacht“ besteht.

Doch auch im Ausland besitzt der BND eine riesige Abhörstation, mit der gleich mehrere Kontinente funkelektronisch überwacht werden können. Das Objekt „Eismeer“ in Cadiz hatte der BND bis 1993 zusammen mit dem spanischen Geheimdienst betrieben. Mit den Spaniern ist der BND Mitte der neunziger Jahre in ein neues, leistungsfähigeres Objekt umgezogen. Das „Forschungszentrum für radioelektrische Verbreitung“, so die Tarnbezeichnung, liegt 170 Kilometer südlich von Madrid in der La Mancha.

## Vorträge und Kamingespräche

Die Unterstützung deutscher Firmen im globalen Wettbewerb hat Tradition – schon zu Mauerzeiten gab es nicht nur Informations-Bulletins für das Wirtschaftsministerium in Bonn, das die geheimdienstlich beschafften Fakten an deutsche Unternehmen weiterreichte. Regelmäßig trafen sich BND-Spitzen mit ausgewählten Firmenvertretern zu Kamingesprächen. „Vor allem Fachleute aus der Auswertung haben sowohl in der Pullacher Zentrale als auch in den Bürogebäuden der Unternehmen ausführliche Vorträge gehalten oder sogar schriftliche Berichte eigens für Firmen gefertigt“, räumte Richard Meier, fünf Jahre lang Chef der agentenführenden Abteilung 1 (Beschaffung) beim BND 1994 in einem Interview ein.[10]

Eine Dienstleistung, die auch der damalige Bundeskanzler Helmut Schmidt anläßlich des 25jährigen Bestehens des BND 1981 zu würdigen wußte. Schmidt, sonst alles andere als ein Fan des BND, pries die „wirtschaftliche Aufklärung" des Dienstes und seine Berichte über „Entwicklungen in der Welt, von denen unser wirtschaftliches Wohlergehen abhängt".[11]

Zu jener Zeit unterhielt die agentenführende BND-Abteilung 1 im Münchner Objekt „Labyrinth" die Unterabteilung 11 B, die für „Überregionale Aufklärung Wirtschaft, Technik und Wissenschaft" zuständig war. Deren Agenten wurden weltweit, gegen Freund und Feind, eingesetzt.

Die Erkenntnisse von 11 B flossen in die Arbeit der sogenannten TWI-Auswertung (TWI=Technik, Wissenschaft, Industrie) des BND ein. Der Vortrag eines leitenden BND-Mitarbeiters aus dem Jahre 1979 über die Aufgaben, Arbeitsweisen und Probleme der TWI-Auswertung belegt, daß es dem Pullacher Dienst schon damals nicht nur um die Aufklärung des Ostblocks, sondern auch um die Wirtschaftskraft der westlichen Verbündeten ging.

In dem Papier, dessen Grundaussagen auch heute noch Bestand haben düften, erläutert der Beamte, daß „für die BND-Auswerter ... Technik, Wissenschaft und Industrie ausländischer Staaten wachsende Priorität (haben), weil sie das Rüstungs- und Wirtschaftspotential sowie den außenpolitischen Spielraum der Industrienationen in Ost und West ... bestimmen". Um Informationen zu gewinnen, werden „operativ, rezeptiv und technisch beschaffte Nachrichten und offen zugängliche Informationen aus(gewertet), um ... den Bedarfsträgern die von ihnen benötigten Erkenntnisse und Entscheidungshilfen zu liefern".

Schwerpunkt der BND-Wirtschaftsspionage war zu jener Zeit natürlich der Ostblock. Dabei sollten vor allem „Sortimentslücken, Qualität und Niveau bzw. Engpässe bei Eigenerzeugnissen der DDR“ ausspioniert werden, wie es in einem Bericht der Stasi-Abteilung XVIII/8 (Abwehr von Industriespionage) vom 10. September 1985 heißt. Informationen, die vor allem für die am innerdeutschen Handel kräftig verdienende bundesdeutsche Privatwirtschaft von größter Bedeutung waren.

Der BND fragte deshalb auch ausgereiste DDR-Bürger detailliert nach ihren Betrieben aus, in denen sie vor der Ausreise tätig waren. Wie die Stasi in dem erwähnten Bericht informierte, „erfolgt eine tiefgründige Abschöpfung zu Strukturen, Leitungsbeziehungen, Umsatzzahlen, Prämierungssystemen bis zur Charakterisierung leitender Funktionäre und Rückverbindungen“. In einem konkreten Fall habe sich das Interesse des BND sogar auf ein Rohrleitungssystem eines Großbetriebes konzentriert.

Für die Informationen aus Pullach revanchierten sich die Firmen, indem auch sie sich auf geheimdienstlichem Parkett ausprobierten. So berichtet die Abteilung XVIII/8 über das auffallende „Auftreten von Kontrahenten (Beispiel Siemens), die Embargoleistungen und enge wissenschaftliche, kommerzielle Zusammenarbeit anbieten“ mit dem Ziel, die „Beschaffungslinien“ der Stasi für Embargoimporte sowie deren „Quellen im Operationsgebiet“ aufzuklären.

Der Informationsaustausch zwischen dem BND und der deutschen Industrie erfolgte und erfolgt aber nicht nur bei Vortragsabenden und Kamingesprächen. Der Pullacher Dienst unterhält auch eine Reihe von getarnten Anlaufstellen für deutsche Manager in Form von Schein- und Tarnfirmen. Sei es, um heikle Geschäfte auf dem Technologie- oder Rüstungssektor zu fingern, sei es, um gezielt Informationen über die

Konkurrenz zu beschaffen – ein Großteil der 96 BND-Firmen (Stand 1995), darunter Verlage, Detekteien, Unternehmensberatungen und Wirtschaftsauskunfteien, haben für die Belange der Manager stets ein offenes Ohr. Eine der bekanntesten Anlaufstellen in der Branche war in den achtziger Jahren die „Detektei Korn“ in München. Besonders für die wehrtechnisch orientierte Industrie war die Einrichtung tätig. So sollen insbesondere MBB-Manager und Experten von Siemens die BND-Unterstützung durch die „Detektei Korn“ stets intensiv genutzt haben.[12]

## Nützliche Verbindungen

Heute existieren in der Bundesrepublik eine Vielzahl solcher BUSINTEL-Firmen, wie sie in den achtziger Jahren in den USA entstanden sind. Geführt werden sie nicht nur von ehemaligen BND-Mitarbeitern, sondern auch von abgedankten Verfassungsschutzleuten aus der Spionageabwehr.

Die als Auskunftei oder Detektei getarnten Unternehmen lassen bei ihren gezielten Recherchen zu Firmen und Managern nicht nur ihre alten Beziehungen zu den Diensten spielen, sie setzen auch auf das noch vorhandene Kopf- und Aktenwissen ehemaliger Stasi-Leute, mit denen sie sich in diesem lukrativen Geschäft zusammengetan haben.

Dabei können die Stasi-Spione von einst wiederum auf alte Verbindungen zählen, da sie oft noch unenttarnt an gleicher Position eines Unternehmens arbeiten. Ein internes Papier der Abteilung XV (Auslandspionage) der Stasi-Bezirksverwaltung Dresden vom Dezember 1988 läßt erahnen, wie tief das MfS in die Unternehmen der Bundesrepublik eingedrungen war. Das Papier listet den „Bedarf an verdichteten Hinweisen mit nachgewiesener Bearbeitungsmöglichkeit zu Personen des Operationsgebietes“ auf. Aufgeführt sind unter anderem Wissenschaftler aus dem Fachgebiet Biotechnik/Mikrobiologie an mehreren Instituten und Einrichtungen, so dem Fraunhoferinstitut Stuttgart, der Bundesforschungsanstalt für Landwirtschaft, der Bayer AG sowie den mikrobiologischen Forschungseinrichtungen in Heidelberg, Stuttgart, München und Westberlin. Aber auch „Physiker, Ingenieure, Sekretärinnen“ von KWU, Interatom, Nukem, Alkem, Siemens, Philips, IBM Deutschland, SEL, AEG und weiteren Firmen und Forschungsinstituten werden aufgeführt.

Doch auch andere Verbindungen können die Stasi-Leute heute nutzen. So sind viele ehemalige MfS-Mitarbeiter, insbesondere aus der HVA und der für Industriespionage zuständigen Hauptabteilung XVIII, in Sicherheitsabteilungen großer Konzerne untergekommen. Auch, weil sich die Firmen vom Wissen und den Verbindungen ihrer neuen Mitarbeiter immer noch Wettbewerbsvorteile im Kampf mit der Konkurrenz versprechen.

Schlagzeilen machte beispielsweise der Fall des früheren Vizechefs der DDR-Kriminalpolizei, Wolfgang Pauleit. Er soll Mitte der achtziger Jahre an der Abdeckung der in der DDR untergetauchten RAF-Terroristen beteiligt gewesen sein. Eine Aufgabe, die enge Kontakte mit der Stasi notwendig machte. Nach der Wende leitete Pauleit zunächst die Kripo in Oranienburg bei Berlin, schied dort jedoch aus und wechselte 1992 auf Empfehlung des Bundeskriminalamtes zur Siemens AG. Dort beriet Pauleit die Konzernniederlassungen in den neuen Bundesländern in Sachen Werkschutz, Sicherungsanlagen und Zugangskontrollsysteme.[13]

Auch die Münchner Sicherheitsfirma „Aviation Security“, die für die Sicherheit und die Zugangskontrollen am Münchner Flughafen zuständig ist, hatte ehemalige Stasi-Leute in ihren Reihen. So den früheren Ost-Berliner Stabschef der

Volkspolizei, Dieter Dietze, ein „Offizier im besonderen Einsatz“ (OibE) des MfS, der als Finanzdirektor die materiellen Geschicke des Unternehmens leitete. Und Klaus-Dieter Neumann, Trainer von Top-Terroristen in der Stasi-Hauptabteilung XXII.[14]

Vor einer Spionage-Gefahr durch Stasi-Offiziere, die zahlreiche private Sicherheitsdienste durchsetzt hätten, warnte dann auch 1996 der Vorsitzende der Gewerkschaft der Polizei (GdP), Hermann Lutz. Lutz sagte, er wisse von Fällen, wo Stasi-Leute ihre Position in solchen Firmen zur Industrie- und Wirtschaftsspionage ausgenutzt hätten. Es gebe heute noch „alte Abhängigkeiten zwischen Stasi-Leuten, dem russischen Geheimdienst und anderen europäischen Nachrichtendiensten“.[15]

Auf andere „tickende Zeitbomben“ macht die Frankfurter Firma KDM Sicherheitsconsulting aufmerksam. Rund 10 000 Wissenschaftler und Ingenieure aus der DDR haben zu Mauerzeiten nach Recherchen des Unternehmens als Auswerter für die Stasi-Spionageabteilung Hauptverwaltung Aufklärung (HVA) gearbeitet. Diese Personen mußten die von Agenten im Westen beschafften Forschungsunterlagen und Spionageinformationen auswerten und für eine eventuelle Nutzung in der DDR oder den anderen RGW-Staaten aufbereiten.

Viele dieser Auswerter, so KDM-Chef Klaus-Dieter Matschke, haben sich nach der politischen Wende in der DDR selbständig gemacht und arbeiten heute zum Teil mit den westdeutschen Unternehmen zusammen, die sie früher im Auftrag der HVA ausspioniert haben. Für die Nachfolgedienste des KGB sind diese Wissenschaftler „operativ wichtige Vermittler oder Zielpersonen, die aufgrund ihrer Vergangenheit und der bisher unerkannten und verschwiegenen Zusammenarbeit mit dem MfS erpreßbar sind“, sagt Matschke. Nach Recherchen der Firma KDM ist die Mehrzahl der noch tätigen Auswerter in Technologiefirmen in den neuen Bundesländern tätig. Schwerpunkte sind hierbei Berlin, Dresden, Leipzig, Chemnitz, Jena und Erfurt.

Auch zwischen dem BND und der Privatwirtschaft gibt es personelle Verflechtungen. Immer wieder übernehmen ausgeschiedene BND-Beamte den Posten des Sicherheitschefs bei großen deutschen Konzernen. Aber auch windige Immobilien- und Finanzjongleure lassen sich von ehemaligen BND-Mitarbeitern beraten.

So auch der Milliarden-Pleitier Jürgen Schneider, der sich der Hilfe von Ralf Matthias Graf Lambsdorff versicherte. Der Großneffe des FDP-Politikers war in den siebziger Jahren Mitarbeiter der BND-Wirtschaftsspionageabteilung 11 B. Bei Schneider agierte Lambsdorff als leitender Mitarbeiter und besaß eine - wie er sagt - „stark eingeschränkte Generalvollmacht“.[16]

# Kleine Länder ganz groß

CIA-Chef R. James Woolsey kam vor dem Ausschuß des US-Senats gleich zur Sache: Mehr als 25 Länder, viele davon Feinde der USA und ihrer Verbündeten, besitzen oder entwickeln nukleare, biologische und chemische Waffen; mehr als zwei Dutzend Staaten, darunter Libyen, Iran und Irak, verfolgen Programme zur Entwicklung von Chemiewaffen; mehr als ein Dutzend Länder schließlich haben ballistische Raketen, die sie mit A-, B- oder C-Sprengköpfen ausstatten können – neben den genannten Staaten gehören dazu Nordkorea, Ägypten, Israel, Syrien und eine Reihe kleinerer Golfstaaten. Technische Hilfe und know how erhalten all diese Länder von Rußland, der Ukraine und China, aber auch Deutschland unterstütze insbesondere den Iran. Dort setze das Mullah-Regime nahezu ungehindert sein mehrere Milliarden Dollar umfassendes militärisches Modernisierungsprogramm fort und bemühe sich dazu, Raketen und Nuklearmaterial im Ausland zu kaufen.[1]

Detailliert analysiert ein Report des russischen Auslandsgeheimdienstes vom März 1993 die Bemühungen der sogenannten Schwellenländer, ihre A-, B- und C-Waffenprogramme umzusetzen. Der Report zählt 16 Staaten auf, deren Proliferationsbestrebungen von den russischen Geheimdienstlern überwacht werden: Algerien, Argentinien, Brasilien, Ägypten, Israel, Indien, Irak, Iran, Nord- und Südkorea, Libyen, Pakistan, Syrien, Taiwan, Chile und Südafrika. [2]

Für sieben von diesen Staaten interessiert sich auch der BND. In der „Proliferationsabteilung“ 11 B werden insbesondere die deutschen Exporte nach Indien, Irak, Iran, Nordkorea, Libyen, Pakistan und Syrien überwacht. Gleichzeitig versuchen die BND-Beamten, die Beschaffungsnetze dieser Staaten in Westeuropa zu enttarnen.

Den Wirtschaftsspione dieser Länder geht es weniger um Marktstrategien und Verhandlungspositionen anderer Firmen. Sie kümmern sich vorrangig um die Beschaffung sogenannter dual use-Güter: Erzeugnisse, die sowohl zivil als auch militärisch genutzt werden können. Schon für die Geheimdienstler ist es dabei nicht einfach, zwischen zulässigen und verbotenen Lieferungen zu entscheiden. Wenn zum Beispiel eins dieser Länder Blechbearbeitungsmaschinen kauft - benutzt es diese dann zur Herstellung von Raketen oder von Autos? Kleine und mittelständische Firmen, die insbesondere von Beschaffern aus dem Nahen und Mittleren Osten gern für ihre Handelsgeschäfte eingespannt werden, geraten so oftmals ungewollt in den Verdacht, Krisenländer und verbrecherische Regime bei der Aufrüstung zu unterstützen.

Eine Gefahr, vor der auch der damalige BND-Präsident Konrad Porzner 1994 warnte: Zunehmend würden in Deutschland Maschinen und Anlagen gekauft, deren Verwendungsfähigkeit in einem Rüstungsprogramm auf den ersten Blick nicht mehr erkennbar sei, da sie das Merkmal „spezial konstruiert“ nicht mehr erfüllen. Der Grund hierfür liegt darin, daß Fachpersonal und spezielle Konstruktionsanlagen in anderen Ländern weitaus billiger zu haben sind; die Nachfrage in Deutschland werde sich daher auf den allgemeinen

Maschinen- und Anlagenbau und die Meßtechnik konzentrieren. Hinzu kommt, daß die deutschen Erzeugnisse durch geschickt operierende Beschaffungsnetze über Drittstaaten durchgeschleust werden, Tarnadressen und gefälschte Papiere seien hierbei mittlerweile Standard.[3]

## Teppichhändler und Spione

Zwei Jahre später, 1996, liefert der BND weitere alarmierende Nachrichten an das Bundeskanzleramt. BND-Agenten hatten festgestellt, daß sich Iran „mit hoher Sicherheit für Spaltmaterial auf dem Schwarzmarkt" der Plutoniumhändler umsieht. Es gebe „kaum noch Zweifel am Kaufinteresse des Iran", heißt es in dem Geheimbericht des BND.[4]

Doch trotz der Erkenntnisse des BND floriert der deutsch-iranische Handel. Beschaffungsfirmen des Teheraner Regimes sind zwar bekannt, können aber ungehindert arbeiten. Zu wichtig war dem Bundeskanzleramt die umstrittene und nach dem Urteil im Mykonos-Prozeß im April 1997 vorläufig beendete Politik des „kritischen Dialogs" mit dem Mullah-Regime. Die Amerikaner betrachten Kohls Alleingang mit unverhohlener Skepsis. Verstimmt reagieren sie insbesondere auf die engen Wirtschaftsbeziehungen der Bundesrepublik mit dem Iran. Sie argwöhnen, daß das Mullah-Regime den Handelsverkehr mit Deutschland vor allem dazu benutzt, sensitive Technologien einzukaufen. So berichtete die Washington Post 1992, daß etwa 80 Prozent der von der Bundesregierung genehmigten Exporte deutscher High-Tech-Erzeugnisse und Dual-use-Güter für den Iran bestimmt seien.[5]

Zwei Jahre später, 1994, berichtete die „Herald Tribune" auf Seite 1 über den Flugplatz Hartenholm in der Nähe der schleswig-holsteinischen Landeshauptstadt Kiel, der zu jener Zeit auch in der deutschen Presse für Schlagzeilen gesorgt hatte. Der Flugplatz, betrieben von einem Iraner, sei einer von Dutzenden Transitpunkten, den die iranische Regierung dazu benütze, Waffensysteme und Technologien für Nuklearwaffen, aber auch Rauschgift zu schmuggeln. Als unverständlich bezeichnete es die Zeitung, daß der Schmuggel über Hartenholm so lange ungestört durch deutsche Behörden ablaufen konnte.

Dabei hatte schon 1993 der Bundesverfassungsschutz auf die wachsenden Aktivitäten der iranischen Geheimdienste in der Bundesrepublik hingewiesen. Deren Aufgabe sei neben der Überwachung von Exil-Iranern und der im Ausland lebenden Opposition die „Beschaffung von technologischem know-how über ABC-Waffen und Trägertechnologien, den Einkauf dafür notwendiger Produkte, Beschaffung von Waffenmustern etc“. Gesteuert werden die iranischen Agenten und Beschaffungsfirmen von der Geheimdienstzentrale in der Bonner Botschaft. Die dort ansässige legale Residentur des Dienstes besteht aus 20 Agenten. Diese führen „ein umfangreiches Agenten- und Informantennetz, von dem über 60 Personen durch das BfV identifiziert werden konnten“.

Die iranischen Agenten unterhalten Geschäftskontakte zu solchen Händlern und Firmen in der Bundesrepublik, die dual-use-Güter anbieten. Zur Verschleierung werden die „sensitiven Exporte in der Regel über diverse iranische (Tarn-) Firmen (z.B. VENA, ITS, RUSHD – alle Düsseldorf) im Bundesgebiet oder im Ausland abgewickelt“. Einbezogen in diese Beschaffungsoperationen sind nach BfV-Erkenntnissen auch die Inter Chem Trading GmbH und das IRI-TRADE-CENTER in Hamburg, das Büro der Iranischen Schiffahrtsgesellschaft in der Hansestadt und die IRAN AIR in Frankfurt/ Main.

Zusammenfassend stellen die Verfassungsschützer fest, daß „die Beschaffungsaktivitäten auf dem Gebiet der Militärtechnologie und den dazu benötigten sensitiven Produkten auch die äußeren Belange der Bundesrepublik" berühren.[6]

Der Iran nutzt neben seinen Geheimdienst-Firmen auch ein weitverzweigtes Netz von Auslandsunternehmen, die noch zu Zeiten des Schahs Ende der siebziger Jahre entstanden waren. Sie sind unter der Stiftung „Bonyard Mostazafeen" zusammengefaßt, die auch das Auslandsvermögen des ehemaligen Schahs verwaltet. Eine der zentralen Figuren der Stiftung ist der Teppichhändler Mehdi Djawadi – unter anderem Geschäftspartner des Milliardenpleitiers Jürgen Schneider, mit dem zusammen Djawadi die „Quicktulane Grundstücksverwaltung GmbH" in Wiesbaden betrieb. Ist diese Beziehung mit Hilfe des früheren BND-Offiziers Lambsdorff zustande gekommen, der in Schneiders Firmenimperium eine leitende Stellung bekleidete?

## Waffenbrüder

Präsident der undurchsichtigen Stiftung, zu deren Aufgaben auch die Beschaffung sensitiver Technik gehört, ist der frühere Chef der gefürchteten Revolutionsgarden, Rafigh Dust. Dust, im Golfkrieg mit dem Irak der wichtigste Waffenbeschaffer Teherans, gilt als drittmächtigster Mann im Iran hinter dem Staatspräsidenten und Ayatollah Khameini. Nebenbei betreibt Dust eine kleine Import-Export-Firma in Köln, die er – so glaubt der BND – „überwiegend zur Organisation und Finanzierung von Waffengeschäften" nutzt.

Genau wegen solcher Geschäfte weilte Dust in den achtziger Jahren, damals noch als Chef der Revolutionsgarden, zu einem mehrtägigen Besuch in der DDR. Mit dem Gast wurden umfangreiche Waffenlieferungen der Stasi an das Mullah-Regime vereinbart. Organisiert wurden diese Geschäfte über die

Firma IMES, die zum Außenhandelsbereich Kommerzielle Koordinierung (KoKo) des Alexander Schalck-Golodkowski gehörte. IMES-Chef Ehrhard Wiechert und Schalcks rechte Hand bei Waffengeschäften, Dieter Uhlig, fädelten die Lieferungen mit dem in Deutschland lebenden iranischen Kaufmann Hossein Alimoradian ein. Alimoradian hatte schon dem Schah als Außenhändler gedient; jetzt versorgte er die Mullahs mit Waffen und – von der Stasi beschaffter – High Tech für den Krieg gegen den Irak.

Seit der Wende betreiben Alimoradian und die Herren Wiechert und Uhlig gemeinsame Firmen auf einem heruntergekommenen Industriegelände in Berlin-Karlshorst. Angeblicher Geschäftszweck: der Handel mit Grundstücken, Computern und Motorradersatzteilen. Mit im Geschäft auch der frühere Waffenchef der Stasi, Erich Schwager, der über enge Beziehungen zu Mitarbeitern des heutigen russischen Auslandsaufklärungsdienst verfügt.

Der Start in die Marktwirtschaft wurde den beteiligten Stasi- und KoKo-Leuten leicht gemacht. Das Kapital für die Firmengründungen war vorhanden, eine Transportgesellschaft konnte zudem gleich mit einer Flotte von elf LKW aus westlicher Produktion aufwarten. Auch der neue alte Partner Alimoradian bekam Starthilfe: Eine Abfindung der Modrow-Regierung in Höhe von zwei Millionen Dollar, weil ein Vertrag durch die Wende in der DDR nicht mehr realisiert werden konnte.

Fahnder der Zentralen Ermittlungsstelle für Regierungs- und Vereinigungskriminalität (ZERV), die jahrelang dem Verdacht nachgingen, daß die Karlshorster Waffenhändler-Connection mit veruntreuten, Stasi-Geldern ihr Firmennetz aufbaute, kamen nicht voran. Ständig wurden sie bei ihren Ermittlungen, auch von staatlicher Seite, behindert. „Unsere Ermittlungen in Karlshorst", so ein Fahnder ahnungsvoll, „sind wohl politisch derzeit nicht erwünscht."

Neben dem Iran haben auch weitere Staaten des Nahen und Mittleren Ostens ihre Spionageaktivitäten in Europa und vor allem in Deutschland verstärkt. Nach Erkenntnissen der Verfassungsschutzes handelt es sich dabei vor allem um den Irak, Syrien und Libyen sowie eine Reihe von Staaten des „Islamischen Gürtels“ von Marokko bis Pakistan. Diese Länder unterhalten im Ausland eine Vielzahl offizieller diplomatischer oder konsularischer Vertretungen, (halb-)staatlicher Handelsgesellschaften und Fluglinien sowie ein ganzes Netz von Industriebeteiligungen und Firmenniederlassungen.

Dieses Geflecht ist auch für Geheimdienstler nur schwer zu durchschauen. Zumal diese Netze länderübergreifend arbeiten, um sich Kontrollen der Spionageabwehr eines Staates weitgehend zu entziehen. Vor allem im Bereich der „sensitiven Exporte“ von Rüstungstechnologien, Kriegswaffen, Vor- und Nebenprodukten sowie entsprechender Fertigungsanlagen werden die Spuren durch sogenannte „Kettengeschäfte“, die noch dazu meist über Drittländer erfolgen, nachhaltig verwischt. Bei diesen „Kettengeschäften“ wird embargogeschützte Technologie durch nacheinander erfolgende Geschäftsabschlüsse, bei denen jeweils die Ausfuhrbeschränkungen eingehalten werden, ins Zielland geschmuggelt.

Im Gegensatz zu den Geheimdiensten der westlichen Industrienationen und Rußlands setzen diese „kleinen“ Dienste verstärkt auf klassische Methoden der Spionage, sind dabei aber recht erfolgreich, wie der Verfassungsschutz anerkennt: „Die Ausforschung muß aufgrund der engen Verzahnung von konspirativer Beschaffung politischer, militärischer und wirtschaftlicher Informationen auf klassische nachrichtendienstliche Weise und illegalem Technologietransfer unter Einschaltung von Agenten und Embargohändlern als besonders effizient angesehen werden.“[7] Dennoch – abgesehen vom Iran spielen die Nachrichtendienste dieser Länder in der internationalen Wirtschaftsspionage eher eine untergeordnete Rolle. Das liegt im Falle von Libyen, Irak und Syrien vor allem an der, von den USA forcierten internationalen Isolierung der Regimes dieser Länder. Allerdings unterhält der deutsche Bundesnachrichtendienst traditionell gute Beziehungen zum libyschen „External Security Office“. Nicht nur, daß ein früherer BND-Offizier die Palastgarde von Diktator Ghaddafi trainierte. Jahrelang betrieb der BND sogar eine gemeinsame Firma mit Libyen, das Münchner Unternehmen Telemit, über das ein Großteil der sensitiven Exporte deutscher Firmen abgewickelt wurde.

## Intakte Beschaffernetze

Weitaus ernster sind da schon die Wirtschaftsspione Chinas und Nordkoreas zu nehmen. Vor allem Nordkorea hat seit dem Zusammenbruch des Ostblocks seine Bemühungen verstärkt, durch die Intensivierung der Auslandsaufklärung seine Informationsdefizite auszugleichen. Als letzte Bastion des orthodoxen Kommunismus in Asien ist das Regime in Pjöngjang in eine außenpolitische und außenwirtschaftliche Isolation gedrängt. Die wirtschaftlichen Probleme, die das Land 1995/ 96 an den Rand einer Hungerkatastrophe brachten, haben dazu geführt, daß Nordkorea sich daher zunehmend auf den Handel mit westlicher Rüstungstechnologie konzentriert.

Über ein nach wie vor intaktes Beschaffernetz haben die Agenten der beiden nordkoreanischen Geheimdienste KBB und RB in den vergangenen Jahren westliche Technologie beschafft, die es Pjöngjang erlaubt, „in sämtlichen Sparten moderner Vernichtungswaffen eigenständige Entwicklungen – bis hin zur Produktionsreife – voranzutreiben“.[8] Schon 1993 informierte CIA-Chef Woolsey einen Senatsausschuß, daß nach Erkenntnissen seines Dienstes Nordkorea über eine oder zwei Atombomben verfüge. Daneben sei das Land dabei, Plutonium zu produzieren – sowohl für den Eigenbedarf als auch für den Export in die Länder des Nahen Ostens. Dorthin verkaufe Nordkorea bereits Raketen mit einer Reichweite von mehr als tausend Kilometern.[9]

Besonders aktiv sind die nordkoreanischen Agenten in Berlin. Hier operieren sie von ihrer in Mitte gelegenen Interessenvertretung, die unter dem Schutz der chinesischen Botschaft steht. Ähnlich wie die iranischen Geheimdienste sind die Nordkoreaner daran interessiert, den Kontakt zu Studentenverbindungen aufzubauen. Im Mittelpunkt steht dabei die „Pankoreanische Allianz für die Wiedervereinigung Koreas", deren bundesweiter Sitz sich in Berlin befindet. Von der chinesischen Botschaft aus versuchen die Nordkoreaner, Einfluß auf die personelle Struktur und Organisation der Vereinigung zu nehmen.[10]

Die Volksrepublik China geht in ihrer Wirtschaftsspionage weit behutsamer vor. Zwar betreiben das MSS und die Quingbaobu verstärkt zivile beziehungsweise militärische Auslandaufklärung, doch geschieht das unter größtmöglicher Zurückhaltung. Eingesetzt zur Spionage werden vor allem im Ausland lebende Landsleute. Bei der Wirtschaftsspionage konzentrieren sich die chinesischen Agenten im wesentlichen auf eine intensive Gesprächsabschöpfung und die systematische Auswertung offener oder halboffener Quellen. Im Inland dagegen wird rigoroser vorgegangen. So gibt es Erkenntnisse, wonach insbesondere Telefongespräche ausländischer Gäste aus Hotelzimmern abgehört werden.

In der israelischen Sicherheitspolitik nimmt die geheimdienstliche Wirtschaftsspionage eine bedeutende Rolle ein, da die Wirtschaft des Landes hauptsächlich aus staatseigenen Großkonzernen besteht. Der Staat kontrolliert Banken, die

Rüstungs- und Chemieindustrie sowie weitere wichtige Bereiche der Volkswirtschaft. Vor diesem Hintergrund ist auch der rege Personalaustausch zwischen Regierungsämtern, Managerposten in der Industrie und Spitzenpositionen in den Geheimdiensten zu sehen.

## Israels Dienste – klein aber effekiv

Im System der vier Geheimdienste hat sich der militärische Nachrichtendienst LAKAM auf die Technologiespionage spezialisiert. Vor allem die Rüstungswirtschaft profitiert von den Aktivitäten der israelischen Spione. Dabei machen die Israelis keinen Unterschied zwischen Ost und West, wenn es darum geht, Technologien zu beschaffen. So entführten sie ein russisches Kampfflugzeug vom Typ MiG-21 aus dem Irak und klauten gleichzeitig in der Schweiz Konstruktionsunterlagen des französischen Kampffliegers Mirage.

Die Israelis schrecken auch nicht davor zurück, ihre Partnerdienste zu düpieren. So beschafften sie 1990 mit dem Bundesnachrichtendienst zusammen den Stör- und Täusch-Sender CERBERUS für die Tornados der deutschen Luftwaffe. Unter der Hand aber verkauften sie die ihnen überlassene geheime US-Technik weiter, ohne Rücksprache mit Washington zu nehmen.[11]

In den USA gelten die Geheimdienste Israels als die unnachgiebigsten und effizientesten. 1992 hatte die Rüstungsfirma Recon/Optical aus Chicago die israelische Luftwaffe beschuldigt, sie habe versucht, Blaupausen einer streng geheimen Spionagekamera für Flugzeuge durch Agenten stehlen lassen. Um den Vorfall nicht an die große Glocke zu hängen, einigten sich die Israelis mit der Chicagoer Firma auf ein „Schmerzensgeld" in Höhe von drei Millionen Dollar.[12]

Vier Jahre zuvor hatten zwei Israelis den Supercomputer des Atomwaffen-Labors in Los Alamos geknackt. Sie verschafften sich Informationen über einen neuen Atomwaffenzünder und verschwanden dann in Richtung Israel. Die beiden waren Mitarbeiter am israelischen Atomforschungsprogramm.[13]

Im März 1989 nahm die israelische Regierung einen der beiden vorübergehend unter der Beschuldigung fest, in hochgeheime Computersysteme der US-Streitkräfte und mehrerer Datenbanken eingedrungen zu sein. Von einer Verbindung zu den israelischen Geheimdiensten aber war offiziell keine Rede.[14]

Derzeit suchen die Israelis eine enge nachrichtendienstliche Kooperation mit Staaten in Osteuropa, um mit ihnen eine gemeinsame Frontstellung gegen islamische und russische Einflußpolitik zu bilden. Um dieses Ziel zu erreichen, ist eine Unterstützung der östlichen Länder bei der Wirtschaftsspionage auch gegen westliche Verbündete denkbar.

Geschmiedet wurde diese neue Partnerschaft bereits Ende der achtziger Jahre. So gab es bereits ab 1988 im Bereich des illegalen Technologietransfers streng geheime Kontakte mit dem DDR-Ministerium für Staatssicherheit, die nach der Wende in Form gemeinsamer Firmen mit ehemaligen Stasi-Offizieren fortgeführt wurden. Die Israelis erhoffen sich davon einen erleichterten Zugang zu jenen westlichen High-Tech-Firmen, die vor 1989 in illegale Geschäfte mit der Stasi verwickelt waren und somit erpreßbar sind.

## Des Tennos Späher

Japan besitzt nur einen kleinen offiziellen Auslandsnachrichtendienst. Bei der dennoch in großem Umfang erfolgenden Informationsbeschaffung aus dem Ausland mit dem Schwerpunkt Wirtschaftsaufklärung arbeiten Regierungseinrichtungen und der private Wirtschaftssektor eng zusammen.

Koordiniert wird die Zusammenarbeit durch das Ministerium für Internationalen Handel und Industrie, kurz MITI. Hauptzielrichtung der Japaner ist nach einer internen Analyse der CIA von 1987 die Informationsbeschaffung über geheime technologische Entwicklungen in den USA und Westeuropa.

Dem MITI ist die 1958 gegründete Handelsorganisation JETRO angeschlossen, die mittlerweile 80 Niederlassungen in 60 Staaten unterhält, sieben davon in den USA. In Deutschland führt die JETRO in der Düsseldorfer Königsallee ein Büro. Offiziell soll die JETRO die Weltwirtschaft analysieren und in den jeweiligen Ländern den Handel mit Japan fördern. Tatsächlich aber wird die Organisation von Geheimdienstexperten als ein wichtiges Instrument der nachrichtendienstlichen Tätigkeit Japans eingeschätzt.

JETRO sammelt eine Vielzahl von Informationen über ausländische Unternehmen und Produktlinien und läßt diese in ihre - weltweit umfangreichste - Datenbank einfließen. Die Informationsgewinnung der JETRO erfolgt zu 90 Prozent durch die Auswertung offen zugänglicher Quellen und Gespräche mit Spitzenmanagern der privaten Wirtschaft. Den Rest beschafft die JETRO jedoch mit dem klassischen Spektrum nachrichtendienstlicher Methoden, also Erpressung, Abhören und den Einsatz von sogenannten „Romeo- und Julia-Agenten“.[15]

MITI verteilt seine Informationen an die Industrie über ein ganzes Netz von Wirtschaftsorganisationen der Regierung und der Industrie. Diese Wirtschaftsverbände sind in der Keidanren zusammengeschlossen, einer Einrichtung des MITI.

Die Keidanren nutzt die JETRO-Informationen dazu, um strategisch wichtige Industriezweige der westlichen Konkurrenten, insbesondere der USA, zu bestimmen, deren Aufklärung und „Bekämpfung“ zur nationalen Aufgabe erklärt wird. Frühere Ziele waren die Automobil- und die Stahlindustrie, der Schiffbau und die Unterhaltungselektronik. Neu hinzugekommen sind jetzt die neuen Fernseh-Technologien, die Entwicklung von Superschaltkreisen und die Biotechnologie.[16]

Der Informationsverbund zwischen der Regierungsbehörde MITI und der japanischen Privatwirtschaft wird aber auch durch den üblichen „Abfluß“ pensionierter Regierungsbeamter in die Industrie gesichert. Jährlich wechseln über 200 Ministeriale auf lukrative Managerposten, überwiegend bei Finanzinstituten. Schon vor dem Wechsel, aber erst recht danach ist damit der Fluß brisanter Wirtschaftsdaten in die Unternehmen gesichert.

Die Auslandsfilialen japanischer Großkonzerne revanchieren sich für die staatliche organisierte Wirtschaftsspionage mit der Unterstützung der politischen und militärischen Auslandsaufklärung Japans. So stellten US-Dienste im Juli 1982 fest, daß die Washingtoner Mitsubishi-Niederlassung amerikanische Geheimdienstberichte über den ersten Golfkrieg zwischen Iran und Irak an den Mutterkonzern in Tokio weiterreichte.

Die größte Unterstützung beim weltweiten Sammeln von Wirtschaftsdaten erhält die JETRO jedoch durch die neun größten Handelsfirmen Japans, genannt Sogo Shosha, zu denen unter anderem Mitsubishi und Sumitomo gehören. Diese Firmen unterhalten 2200 Auslands-Büros in aller Welt. US-Geheimdiensterkenntnisse belegen, daß die dort tätigen 60000 Mitarbeiter Tag für Tag 10 000 Seiten mit Erkenntnissen über Unternehmen, Regierungen und die Wirtschaft der Gastländer füllen, die sie überwiegend aus „offenen Quellen“, also Medien, Fachtagungen und Managergesprächen, gewinnen.

Diese legitime Informationsbeschaffung führt dazu, daß japanische Firmen sich nur vergleichbar selten an der illegalen Wirtschaftsspionage versuchen. Wenn dies geschieht, endet es allerdings auch meist in einem Desaster. So 1982, als in den USA Manager von Hitachi und Mitsubishi verhaftet wurden, als sie brisante Informationen über neue IBM-Computer und -Software ausgerechnet von einem undercover-Agenten des FBI kaufen wollten.

1991 wurden 15 Arbeiter – unter anderem von Hitachi, Mitsubishi und Toyota – in den USA festgenommen, als sie Produkt- und Strategie-Pläne kaufen wollten, die zuvor dem größten japanischen Baumaschinenhersteller Komatsu gestohlen worden waren. Unter den Dokumenten befanden sich auch Pläne der Shin Caterpillar Mitsubishi, einem in Japan ansässigen Joint-venture von Mitsubishi und dem amerikanischen Baumaschinenhersteller Caterpillar. Mitsubishi hätte sich also selbst ausspioniert, wenn sie diese Dokumente gekauft hätten – ein bizarres Beispiel für die heutige Wirtschaftsspionage in der Welt multinationaler Konzerne.[17]

## „Alte Seilschaften"

„Besorgniserregender und raffinierter" als die Hauptgegner Frankreich, Japan und Rußland – so der frühere US-Präsidentenberater und NSA-Vize Gerard P. Burke 1992 in der „Washington Times" – seien „Operationen von Staaten, in denen Wirtschaftsspionage seit jeher die höchste Priorität genießt und wo alte Seilschaften für den Austausch von Informationen zwischen Regierung und Privatunternehmen sorgen". Laut Burke gehören dazu Großbritannien, Belgien und die skandinavischen Staaten. Die Hauptaktivitäten der britischen Geheimdienste sind – neben Osteuropa und den Einflußzonen in der Dritten Welt – auf Westeuropa und hier vor allem auf die Hauptkonkurrenten Deutschland und Frankreich gerichtet. Eine wichtige Rolle kommt dabei der größten der vier Geheimdienstbehörden zu, dem Government Communication Headquarter (GCHQ). Gemeinsam mit dem US-Geheimdienst NSA, der eigene Funkaufklärungsstationen auf der Insel unterhalten darf, hört der GCHQ Satellitenkommunikation und Telefongespräche ab. Im Visier hat der Dienst dabei unter anderem große Ölgesellschaften, Handelsmissionen, Banken und ausländische Firmen, deren Funk- und Fernmeldeverkehr systematisch überwacht wird.

In Belgien ist für die Beschaffung von wirtschaftlichen Informationen der Militärnachrichtendienst SGR zuständig. Als Quellen soll der Dienst vorrangig reisende belgische Geschäftsleute und Piloten der Luftfahrtlinie SABENA nutzen.

Der schwedische Geheimdienst unterstützt vor allem die hochentwickelte und exportorientierte Rüstungsindustrie des Landes. Über Schwedens Engagement in der Bewegung der Blockfreien gewinnt der Auslandsnachrichtendienst Einflußmöglichkeiten, die konsequent für die Exportpolitik des Landes genutzt werden.

Auch die Geheimdienste der osteuropäischen Staaten haben nach dem Zusammenbruch des Warschauer Paktes den Schwerpunkt ihrer Tätigkeit auf die Wirtschaftsspionage verlegt. Im Gegensatz zu den russischen Diensten sind ihre Aktivitäten aber eher marginal. Insbesondere Polen und Tschechien haben wiederholt betont, daß sie ihre Aufklärungsaktivitäten gegenüber den westeuropäischen Ländern eingestellt haben. Tatsächlich streben beide Staaten verstärkt die rasche Integration in die Europäische Union und die NATO an. An die Öffentlichkeit dringende Spionagefälle könnten da nur schädlich sein. Es ist zu vermuten, daß beide Länder ihre Dienste angewiesen haben, sowohl in der politischen als auch in der wirtschaftlichen Spionage etwas kürzer zu treten.

Anders hingegen dürfte es beispielsweise in Bulgarien und Rumänien aussehen. Mit dem Kaderbestand des früheren gefürchteten Geheimdienstes Securitate hat Rumänien drei neue Nachrichtendienste aufgebaut: Der SIE ist für die zivile Aufklärung zuständig, DIM organisiert die Militärspionage und SRI konzentriert sich auf die Spionageabwehr. Nach Erkenntnissen deutscher Verfassungsschützer richtet sich das Informationsinteresse der rumänischen Dienste vorrangig auf Zielobjekte in der Industrie. Dabei greift man auf Agenten zurück, die zum Teil schon vor Jahren von der Securitate als „Schläfer" in deutsche Konzerne eingeschleust wurden.

Auch Bulgarien verstärkt die Wirtschafts- und Wissenschaftsspionage. Traditionell gibt es hier jedoch eine enge Zusammenarbeit mit den russischen Geheimdiensten. Zielobjekte sind insbesondere Firmen, die auf den lukrativen Balkan-Markt drängen und auf der Suche nach Joint-venture-Partnern sind.

Auch die ehemaligen Sowjetrepubliken haben nach Erlangung ihrer Unabhängigkeit von Rußland damit begonnen, eigene Geheimdienste aufzubauen. Dabei nutzen sie die vorhandenen Strukturen und Kader des früheren KGB. Die strategische Ausrichtung dieser Geheimdienste aber ist vielfach noch nicht abschließend definiert. Bei den wenigsten spielt derzeit die Wirtschaftsspionage keine Rolle. Im Vordergrund steht bei ihnen eher die Aufklärung der jeweiligen Nachbarregionen sowie der innerstaatlichen Entwicklung.

Lediglich die Ukraine hat damit begonnen, die Wirtschaftsaufklärung im Ausland zu verstärken. Dies war auch das Thema eines Symposiums im Jahr 1995, an dem Vizepremier Victor Pinzenyk teilnahm. Dabei ging es um die Frage, in welcher Weise der „Nationale Sicherheits- und Nachrichtendienst" (SBU) in Wirtschaftsprogramme einbezogen werden kann, mit denen die gegenwärtige Krise überwunden und eine wirtschaftliche Stabilität erreicht werden kann.[18] Daneben expandiert in der Ukraine der private Sicherheitssektor. Im

Mai 1995 wurde in Kiew die „Ukrainische Föderation von Mitarbeitern nichtstaatlicher Sicherheitsfirmen“ gegründet. Der Verbund, in dem viele ehemalige Geheimdienstler zusammengeschlossen sind, stellt in- und ausländischen Firmen sein nach wie vor hochrangiges nachrichtendienstliches Wissen zur Verfügung. Die „Ukrainische Föderation“ unterhält enge Beziehungen zu ähnlichen Organisationen in Rußland, den baltischen Staaten, West- und Osteuropa und Nordamerika.[19]

# Eingangstor Computer – Datenklau und Hackerkrieg

Das Gebilde erinnert an eine futuristische Raumstation. In mehreren miteinander verbundenen Röhren von jeweils 20 Meter Länge und einem Durchmesser von dreieinhalb Metern verlaufen Kabelkanäle, surren Rechner und flimmern Computer-Monitore. Doch die vermeintliche Raumstation schwebt nicht im Orbit, sondern ruht auf dem Parkplatz des deutschen Elektronik-Konzerns Siemens.

Stolz präsentierte der Konzern den Pressefotografen 1993 das weltweit erste System-Sicherheitszentrum für Datenleitungen. In den Röhren sind die EDV-Adern eines Unternehmens „nahezu 100prozentig vor Sabotage, Brand, Abhören und Funkstörung geschützt", wie der Münchner Merkur im November 1993 schwärmte.[1]

Warum sich die Siemens-Leitung dazu entschloß, den Millionen-Bunker zu entwickeln, mag an den eigenen schlechten Erfahrungen liegen. 1993 hatte es einen von der Firmenleitung vertuschten Anschlag mit Computerviren auf den Siemens-Konzern gegeben. Ziel war die Kalkulationsabteilung für Auslandsgeschäfte. Besonders peinlich: Die Siemens-Experten bekamen den Virus nicht in den Griff, und das, obwohl der Softwarebereich des Unternehmens zu den weltweit führenden Entwicklern von Anti-Virenprogrammen gehört.

Der damalige Siemens-Vorstandschef Karl-Heinz Kaske entschied daher, alle Rechner über Nacht verschrotten zu lassen. Als die Mitarbeiter der betroffenen Abteilung am nächsten Morgen an ihren Arbeitsplätzen erschienen, standen völlig neue Computer auf den Schreibtischen. Die Angestellten mußten in einer aufwendigen Aktion sämtliche Daten der alten Rechner per Hand auf die neuen Speicher übertragen.[2]

Die Aggressivität des Siemens-Virus und die Tatsache, daß die ausgewiesenen Viren-Experten des Elektronik-Konzerns ihm nicht beikommen konnten, belegt die Professionalität des Angriffs. Auch, daß eine für das Auslandsgeschäft so wichtige Abteilung als Zielobjekt ausersehen wurde, nährt den Verdacht, daß Konkurrenzfirmen oder ausländische Geheimdienste hinter der Attacke stecken.

Die Panne bei Siemens ist kein Einzelfall. Längst ist die „information warfare", die Kriegführung gegen Computernetze und Datenbanken, zum festen Bestandteil der Wirtschaftsspionage geworden.

Der deutsche Verfassungsschutz mahnt, daß „der EDV-Bereich mit seinen oftmals weltweiten Datennetzen die umfassendste Informationsquelle für Industriespione" sei. Die fortschreitende in- und externe Vernetzung unterschiedlicher Einzelsysteme führten zu kaum noch kontrollierbaren Zugangs- und Zugriffsmöglichkeiten auf die Datenleitungen. Praktisch auf Knopfdruck können sich Wirtschaftsspione fertig aufbereitetes Know-how verschaffen. Besonders tückisch: Eingriffe in Datennetze sind nur nachweisbar, wenn man finanziell sehr aufwendige Sicherheitsprogramme installiert hat.

So hat das FBI Anfang der neunziger Jahre ein Sicherheitssystem getestet, das rasch unbefugte Computereindringlinge entlarvt, indem es ihr statistisch ungewöhnliches Verhalten erkennt. Das Intruder Detection Expert System (IDES) – so der Name des Programms – sammelt die Daten eines bestimmten Computers und definiert daraus das Profil seines „normalen“ Verhaltens. Permanent vergleicht er dann die aktuelle Tätigkeit des Rechners mit dem statistischen Durchschnitt. Wird eine signifikante Abweichung entdeckt, löst das Programm Alarm aus. Auf diese Weise kann IDES auch Hacker entdecken, die über bislang unbekannte Schwachstellen in den Computer eingedrungen sind.[3]

Doch auch diese Programme bieten keine hundertprozentige Sicherheit. Der Verfassungsschutz geht davon aus, daß der Datenklau aus EDV-Leitungen in vier von fünf Fällen durch einen sogenannten Innentäter begangen wird – Systemverantwortliche, Programmierer, Wartungspersonal und Angehörige von Fremdfirmen. Die Innentäter kundschaften das Sicherheitssystem der Datenbanken aus, überspielen betriebliche Daten auf mitgebrachte Festplatten oder Disketten und schmuggeln sie aus dem Unternehmen heraus. Beispielsweise Kunden- und Lieferantendateien – mußten diese früher aufwendig kopiert und abtransportiert werden, reicht heute schon eine Diskette, um die brisante Datei aus dem Computer zu kopieren. Natürlich besteht auch die Möglichkeit, die Daten per Akustikkoppler „online“ an einen Empfänger außerhalb des Unternehmens zu überspielen. Ob und wieviel Daten aus dem betrieblichen EDV-System wirklich gestohlen wurden, ist in den meisten Fällen jedenfalls nicht nachvollziehbar.

Eine ebenso gern genutzte Quelle zur illegalen Datenbeschaffung ist die sogenannte kompromittierende Abstrahlung von Computern. Beim Betrieb eines PC entstehen in seinem Inneren elektromagnetische Wellen, die – dringen sie nach außen – jedes Zeichen auf dem Monitor und jeden Tastendruck verraten. Die Wellen verlassen das Gehäuse durch jede noch so kleine Öffnung und können mit entsprechender Technik aus Entfernungen bis zu einem Kilometer aufgefangen und lesbar gemacht werden.

Die „kompromittierende Abstrahlung“ ist kein neues Phänomen. Seit den sechziger Jahren versuchen Militärexperten, unter dem Codenamen „Tempest“ (Transient Electromagnetic Pulse Emanation Standard - Grenzwerte für kurzzeitig abgestrahlte elektromagnetische Impulse) der verräterischen Strahlen Herr zu werden. In Handbüchern werden ständig neue Richtlinien für abstrahlungssichere Computer und abgeschirmte Räume festgelegt.

Der deutsche Siemens-Konzern fertigt als einziges Unternehmen in Deutschland Computer, die den hohen Tempest-Bestimmungen entsprechen. Allerdings werden die abstrahlungsfreien PC nur in Kleinstserien hergestellt – schließlich kostet ein solches Gerät 20 000 Mark, kombiniert mit einem ebenfalls abstrahlungssicheren Laserdrucker steigt der Preis um weitere 10 000 Mark. Abnehmer der Geräte sind überwiegend „sensible“ Behörden wie Regierungsstellen, Geheimdienste und NATO-Dienststellen

Doch es gibt auch weniger teure und aufwendige Entwicklungen, mit denen sich normale Computer abhörsicher machen lassen. So hat der Berliner Sicherheitsberater Hans-Georg Wolf mit seinem Gerät „Secudat“ eine Art Störsender entwickelt, der die Streustrahlung eines PC zunächst analysiert und dann zusätzliche Radiowellen aussendet, die ein „Belauschen“ des Computers unmöglich machen.

Doch es gibt nicht nur Unternehmen, die sich darauf spezialisiert haben, Spionen das Entziffern verräterischer „Computer-Strahlen“ zu erschweren. Ebenso bieten Firmen selbstentwickelte High-Tech-Geräte an, mit denen die PC-Signale lesbar gemacht werden können. So offeriert das New Yorker Unternehmen CCS das „Computer Intercept System STG 4625“ – „Ohne die Räume zu betreten“ – so die Produktwerbung, lassen sich die abgefangenen Daten „zu einer scharfen Reproduktion verarbeiten“. Und die französische Firma Arpege Défense bietet gar ein ganzes Paket üblicher Labormeßtechnik, ergänzt um Eigenentwicklungen, für total 70 000 Mark an.[4]

Mindestens ebenso groß wie die Möglichkeit, Opfer von „Innentätern“ oder der „kompromittierenden Abstrahlung“ der eigenen PC zu werden, ist die Gefahr, daß sich Computerspezialisten in ein abgeschirmtes Netz einer Firma, einer Regierungsbehörde oder eines Forschungsinstituts hinein „hacken“. Eine Umfrage der Hermes Kreditversicherungs-AG Ende der achtziger Jahre unter 1300 Unternehmen in der Bundesrepublik hatte ergeben, daß jede dritte Firma durch Rechnermanipulationen in Form von Betrug, Betriebsspionage und Sabotage geschädigt worden war. Ein knappes Jahrzehnt später, da die weltweite Vernetzung um ein Vielfaches zugenommen hat, dürfte diese Zahl weitaus höher liegen.

## Besuch im Air Force-Netz

Immer wieder sorgen Angriffe auf militärische Datennetze für Schlagzeilen und erinnern an das Szenario des US-Spielfims „Wargames“, in dem ein Hacker in einen Rechner des Verteidigungsministeriums eindringt, dessen Datenbestände durcheinanderbringt und dadurch beinahe den Dritten Weltkrieg heraufbeschwört.

Daß dies keine erfundene Geschichte ist, sondern die Attacken gegen feindliche Datennetze sogar zum Arsenal von Militär und Geheimdiensten gehören, bestätigte die US-Army bereits im Mai 1990. Damals berichtete die Herald Tribune über Studien des „US-Army Center for Signals Warfare“ zum Einsatz von Computerviren gegen fremde Computernetze.

Richard Poisel, Forschungs- und Entwicklungschef, bestätigte: „Wir versuchen, bösartige Softwarekonzepte zu entwickeln, um das Command-and-Control-System des Feindes lahmzulegen."

Schon ein Jahr zuvor hatte der BND damit begonnen, einen bösartigen Computervirus zu reproduzieren, der im Kriegsfall die Computernetze des Ostblocks durcheinanderbringen sollte.[5] Erfolg einer Strategie, die bereits seit Anfang der achtziger Jahre vom Bundesnachrichtendienst konsequent verfolgt wird: der Einbruch in fremde Datenbanken. Angriffsziel der BND-Hacker sind dabei die Datennetze von Regierungen, internationalen Organisationen, Forschungseinrichtungen und ausländischen Firmen.

Doch US-Army und BND stehen nicht allein. Mehr als 120 Länder hätten sich der „information warfare" zugewandt, warnte Jack L. Brock, Direktor der Defense Information and Financial Management Systems, im Mai 1996 vor einem Untersuchungsausschuß des US-Senats. Es bedürfe heute keiner großen Armeen, Flotten oder Bomberstaffeln mehr, um eine militärische Auseinandersetzung zu entscheiden, so Brock weiter. „Alles, was man benötigt, um geheime Daten zu stehlen oder militärische Rechner lahmzulegen, ist ein Zweitausend-Dollar-Computer, ein Modem und der Zugang zum Internet."[6]

So konnte der 24jährige Richard George Wittman aus den USA Anfang der neunziger Jahre mit Hilfe eines gebrauchten Computers und eines Modems über Telefonleitungen gleich siebenmal in das ausgeklügelte Datensystem der Raumfahrtbehörde NASA eindringen und Datenbestände beschädigen.[7]

1992 mußte sich Kevin Poulsen alias „Dark" vor einem amerikanischen Gericht verantworten, weil er aus den Computernetzwerken der Air Force Befehle, die mit einer Militärübung zu tun hatten, stahl.[7]

Allein 1995 registrierte das US-Verteidigungsministerium 250 000 erkannte Angriffe auf seine Datennetze, sagte Senator Sam Nunn im Mai 1996 vor einem Untersuchungsausschuß des US-Senats. Damit habe sich die Zahl der Attacken im Vergleich zu 1994 verdoppelt. 65 Prozent der Computer-Angriffe, so Nunn weiter, sei erfolgreich und führe in vielen Fällen zu Schäden im Datenbestand.[9]

Diese Schäden seien sehr ernst, wie Jack L. Brock vor dem gleichen Ausschuß bestätigte. Die Hacker stehlen oder zerstören geheime Daten und Softwareprogramme, installieren „backdoors“, also Hintertüren, durch die sie oder auch andere unbefugte Personen jederzeit unerkannt in die Rechner eindringen können, und bringen ganze Netze zum Absturz.[10]

Einer der gefährlichsten Angriffe erfolgte im März und April 1994, als die beiden Hacker „Datastream-Cowboy“ und „Kuji“ in den Rechner von „Rome Laboratory“ eindrangen, die Kommandozentrale der Air Force in der Nähe von New York. 150 Mal „besuchten“ die beiden Hacker das Datennetz von Rome über Telefonleitungen, die zu einem Modem-Computer in Manhattan führten. Die Hacker hatten zum Schluß die Kontrolle über das Datennetz der Kommandozentrale erlangt und legten die 33 „Unternetze“ für mehrere Tage lahm.

Während dieser Angriffe stahlen die Hacker die sogenannten „air tasking orders“, die Befehle, mit denen die Zentrale im Kriegsfall die Piloten anweist. Darüberhinaus verschafften sie sich Informationen über Angriffsziele und Taktiken des Luftkampfes und drangen von Rome aus in weitere Militärnetze bei der NASA, der Wright-Patterson Air Force Base und des Verteidigungsministeriums ein.

Einer der beiden Hacker mit dem Decknamen „Datastream-Cowboy“, ein 16jähriger Londoner, konnte von Scotland Yard verhaftet werden. „Kuji“ blieb unentdeckt. Den Schaden bezifferte das Rome Lab auf mehr als 500 000 Dollar. Unklar aber bleibt, welche Daten die beiden Hacker tatsächlich gestohlen haben und in wessen Auftrag sie dies taten.

Doch nicht nur die Rechner des Verteidigungsministeriums oder der US-Army sind in den Vereinigten Staaten Angriffen von Hackern ausgesetzt. So legte am Thanksgiving Day 1994 eine Hackerbande namens „The Internet Liberation Front" die Rechner von IBM, General Electric und NBC lahm.

Eine Umfrage des Computer Security Institute (CSI) und des FBI im Jahre 1996 unter Wirtschaftsunternehmen und Behörden ergab, daß knapp die Hälfte von ihnen in den vorausgegangenen zwölf Monaten Einbrüche in ihre Datennetze registrieren mußten. Die Hälfte der „Opfer" ist aber davon überzeugt, daß die Angriffe nicht von „normalen" Hackern, sondern von Konkurrenten erfolgten.

Allerdings waren von den befragten 4 971 Stellen – darunter Privatfirmen, Banken, wissenschaftliche Einrichtungen und Regierungsbehörden – nur ganze 428 bereit, dem CSI Auskunft zu erteilen. Die meisten Unternehmen fürchteten einen Imageverlust, wenn bekannt würde, daß sie Opfer einer Computerattacke geworden sind.

Solche Erfahrungen mußte beispielsweise die Citibank machen, als sie 1995 über den Angriff russischer Hacker auf ihre Zentrale berichtet hatte. Die von Sankt Petersburg aus operierende Bande hatte über den Zentralrechner der Bank 400 000 Dollar auf eigene Konten umgeleitet. Kurz nachdem die Panne bekannt wurde, erhielten die zwanzig wichtigsten Kunden der Citibank Post von sechs anderen Finanzinstituten. Die Konkurrenten boten den Adressaten an, die Bank zu wechseln. Ihre Finanzinstitute, so die durchgängige Argumentation, seien sicherer als die Citibank.[11]

Auch Deutschland wurde Ende der achtziger Jahre von einem Hacker-Skandal erschüttert. 1985 hatten sich drei deutsche Computerfreaks mit zwei KGB-Agenten in Hannover getroffen. Die Sowjets boten den Hackern an, ihren Zeitvertreib zu finanzieren, sofern die drei ihre gestohlenen Daten dem KGB zur Verfügung stellen. Die drei akzeptierten.

Schon beim ersten Treff übergaben sie ein Magnetband mit einer Vielzahl von Telefonnummern und Codewörtern wichtiger Computersysteme. Später kamen Daten aus dem US-Verteidigungsministerium, der Atomlabors in Los Alamos, dem Pentagon, der Weltraumbehörde NASA und von verschiedenen Industrie-Unternehmen hinzu.

Neben Zugängen für über hundert Universitäten und Forschungseinrichtungen des internationalen Space Physics and Analysis Networks (SPAN) reichten die Hacker ihren Auftraggebern auch die Zugänge zu den Datenbanken bedeutender High-Tech-Unternehmen weiter. Darunter waren Firmen wie Philips, Thomson CSF, Telefunken, SEL und das Rechenzentrum der Uni Stuttgart mit Zugängen zu den Kunden BASF, Hoechst und Porsche.[12] Insgesamt kassierten die Hacker für ihre Raubzüge in den Computern sechsstellige Honorare vom KGB.

Der Weg, den sie benutzten, war stets der gleiche. Sie klickten sich in den Zentralcomputer der Bundespost ein, drangen – um zu den Zielen in den USA zu gelangen – per Telefonleitung in den Großrechner des kalifornischen Universitätsinstituts Laurence Berkeley Laboratory ein und starteten von dort ihre Spionageausflüge. In Berkeley aber fielen ihre Attacken 1986 schließlich einem amerikanischer Computerfreak auf. Zwei Jahre lang verfolgte er die Hacker erfolglos. Dann baute er eine Falle auf: Eine Datenbank, die er „SDI-Net" nannte, zog die deutschen Hacker im KGB-Auftrag an. Als sie zwei Stunden in der Datenbank herumstöberten, kamen die Ermittler ihnen auf die Spur.[13]

Die Hacker hatten ihren Moskauer Führungsoffizieren aber auch Zugangscodes, Forschungsdaten und komplette Programme deutscher Unternehmen übergeben. Laut Bundeskriminalamt brachen die Hacker für den KGB unter anderem in die Datenbanken folgender Firmen ein:

- Rüstungskonzern MBB, der u.a. den Tornado und elektronische Ziel- und Radarsysteme entwickelte;
- Luftfahrtkonzern Dornier, der Satellitentechnik und die Alpha-Jets herstellte;
- Gesellschaft für Mathematik und Datenverarbeitung, die auf Supercomputer-Technik spezialisiert ist;
- Bundesversicherungsanstalt für Angestellte; die Versicherungsdaten der dort gespeicherten 21 Millionen Menschen können Geheimdienste für gefälschte Lebensläufe von eingeschleusten Agenten benutzen.[14]

Die eigentliche Bedrohung sahen die BKA-Ermittler allerdings weniger im einmaligen Datenklau, als vielmehr darin, daß die Hacker den Russen Anwahlnummern, Benutzernamen und Paßwörter diverser Unternehmen und Behörden besorgten. Damit seien Manipulationen an den Sicherheitssystemen westliche Computer möglich: Die Eindringlinge könnten sich mit Hilfe dieser Informationen einen Dauerzugang eröffnen und ihn später gezielt nutzen. Das Entdeckungsrisiko sei außerdem gering.

Noch heute können die Hacker-Informationen für die russischen Dienste von Vorteil sein. Aber auch die Stasi hatte in den späten achtziger Jahren die Möglichkeiten entdeckt, die sich durch das Hacken ergeben. So wurde im Sektor Wissenschaft und Technik der Spionage-Hauptverwaltung Aufklärung (HVA) die Abteilung XX gebildet, die sich auch mit dem Eindringen in fremde Netze beschäftigte. Was aus den Spezialisten der XX und ihren Hacker-Verbindungen im Westen wurde, ist nicht bekannt.

Die deutschen Verfassungsschützer stehen dem EDV-Datenklau hilflos gegenüber. Zum einen fehlen den Geheimdienstlern die Spezialisten, die sich mit professionellen Hackern messen können. Zum anderen ist die kriminalisierte Hacker-Szene in der Bundesrepublik seit jeher eine „geschlossene Gesellschaft", in der nur sehr schwierig Quellen zu gewinnen sind. Eine „wissenschaftliche Untersuchung dieses Problemfeldes (sei) sinnvoll", fordert daher das Stuttgarter Landesamt.

Bis es soweit ist, verlegen sich die Verfassungsschützer auf Appelle. Deutsche Firmen werden in Sicherheitsschulungen immer wieder auf die Gefahr des Datendienstahls eingeschworen. Gleichzeitig bittet man Unternehmen, festgestellte Einbrüche ins Netz sofort zu melden.

Das aber ist eher die Ausnahme. Vor allem deutsche Elektronik-Firmen greifen wie Siemens zur Selbsthilfe - oder lassen es eben mit sich geschehen.

## High-Tech mit Fenster

Schon lange ist das hacking nicht mehr nur der Zeitvertreib einer kleinen Gruppe vom Computerfreaks. Das KGB-Beispiel zeigt, daß die Geheimdienste seit Jahren die Vorteile der „information warfare" erkannt und für sich nutzbar gemacht haben. Experten gehen davon aus, daß der Großteil der Wirtschaftsspionage heute mit den Mitteln der „information warfare" geführt wird.

Auch hierbei waren – wie könnte es anders sein – die Amerikaner die Vorreiter. Natürlich unter der Flagge eines hehren Zieles: Als die Reagan-Administration Anfang der achtziger Jahre beschloß, dem internationalen Drogenhandel und der Korruption den Kampf anzusagen, waren auch die Datenbänke der Welt nicht mehr vor den US-Diensten sicher. Norman Bailey, Planungschef für Sicherheit im Weißen Haus unter

Reagan, gab die Devise „Follow the Money“ aus, mit der man die Wege schmutziger Gelder durch das internationale Bankensystem verfolgen wollte. Bei dieser systematischen Suche habe „neben menschlichen Quellen die elektronische Aufklärung eine wichtige Rolle“ gespielt, sagte Bailey. Und ein ehemaliges Mitglied der Reagan-Regierung erinnert sich noch heute voller Bewunderung: „Wenn wir Schweizer Bankauszüge verlangten, haben wir sie vom Dienst auch bekommen.“[15]

Der „Dienst“ ist die National Security Agency (NSA), deren elektronischen Fühlern wohl kaum eine Datenfestung widerstehen kann. Auch nicht die sogenannten clearing houses, Datenknoten, die den internationalen elektronischen Zahlungsverkehr bündeln. Wie es aber der NSA gelingen konnte, in diese „Hochsicherheitstrakts“ einzudringen, ist das Geheimnis der Amerikaner.

Experten vermuten, daß die NSA eine Vielzahl von Tarnfirmen betreibt, die als Zulieferer von spezieller Software für extrem sicherungsbedürftige Datennetze agieren. Diese Firmen sorgen dafür, daß ein kaum zu identifizierendes „Fenster“ in den Datenprogrammen der NSA einen unentdeckten Zugriff erlaubt.

Ein Verdacht, der in den achtziger Jahren auch die Geheimdienste des Ostblocks umtrieb. Aufgrund des technologischen Rückstands waren die Sowjetunion und ihre Satellitenstaaten auf Supercomputer aus US-Produktion, wie die VAX- und CONVEX-Rechner von Digital Equipment (DEC), angewiesen, um im Rüstungswettlauf mit dem Westen zu bestehen. Über streng abgeschirmte „Lieferlinien“ schmuggelten hochbezahlte Agenten östlicher Geheimdienste die unter Embargo-Bestimmungen fallenden Rechner durch den Eisernen Vorhang. Aber auch Computer und Datenanlagen aus westeuropäischer und japanischer Produktion, deren Ausfuhr ebenfalls der CoCom-Sperre unterlag, waren begehrte Objekte östlicher

Dienste. Die Reagan-Administration versuchte Anfang der achtziger Jahre, dem High-Tech-Schmuggel einen Riegel vorzuschieben. In einer „Operation Exodus“ wurde weltweit auf Embargohändler Jagd gemacht. Verbündete Regierungen setzten die Amerikaner unter Druck, gegen die Schmuggler vorzugehen.

Besonders Deutschland wurde zur Zielscheibe der „Exodus“-Operation. Hatten doch die Bundesregierungen stets großzügig die Augen vor dem illegalen Teil des innerdeutschen Handels verschlossen – zum einen, um die Wettbewerbschancen der heimischen Industrie zu verbessern, zum anderen, weil man die wirtschaftliche und damit politische Stabilität des schwierigen Nachbarn DDR nicht aufs Spiel setzen wollte.

Schon damals aber vermutete Bonn, daß hinter „Exodus“ die Absicht der Amerikaner stecke, unliebsame Konkurrenz aus Westeuropa und Japan vom „Embargo-Markt“ zu verdrängen. So ließen die Amerikaner 1982 auf spektakuläre Weise die Lieferung zweier Rechner vom Typ VAX 11-780 auffliegen, die in der Sowjetunion für die Installation eines Feuerleitsystems für Atomraketen gedacht waren. Geschmuggelt wurden die Rechner über ein Netz von Briefkastenfirmen, die dem Kieler Embargohändler Richard Müller gehörten, der seit Ende der siebziger Jahre als Agent des sowjetischen Militär-Geheimdienstes GRU ungehindert ganze Schiffsladungen von VAX-Rechnern über Hamburg oder Kiel via Stockholm in die UdSSR geschafft hatte. Mitunter ließ Müller auch Computerlieferungen für die DDR aus einem Lagerhaus im schleswig-holsteinischen Mölln abholen – wie selbstverständlich fuhren dabei Lkw der DDR-Transportfirma Deutrans vor und luden auf.

Müller wurde 1982 von US-Verteidigungsminister Caspar Weinberger auf einer internationalen Pressekonferenz als

„High-Tech-Bandit Nr. 1“ gebrandmarkt. In Bonn entschloß man sich daraufhin, dem bislang stillschweigend geduldeten Treiben Müllers ein Ende zu bereiten und ihn anzuklagen. Doch bevor Müller verhaftet werden konnte, floh er in den Osten. Zunächst nach Budapest, dann nach Ost-Berlin, von wo aus er ungestört die VAX-Lieferungen über sein nach wie vor intaktes Firmennetz fortsetzte.

Schon damals sorgten die Möglichkeiten des gern mit seinem Reichtum protzenden Kieler Geschäftsmannes, auch strengsten Embargobestimmungen unterliegende Güter in den Osten zu schaffen, für Mißtrauen bei der Ost-Berliner Stasi. War Müller möglicherweise ein Mann des BND? Oder hatten die Amerikaner nur deshalb Müller so an den Pranger gestellt, um dessen Position bei den Sowjets zu stärken? Ein Angebot Müllers, auch der DDR die amerikanischen VAX-Rechner zu besorgen, lehnte das MfS dann auch nach sorgfältiger Überlegung ab.

Das Mißtrauen der Stasi war wohl nicht unbegründet. Auffällig ist nämlich, daß Müller nach seiner Rückkehr in den Westen Anfang 1989 von einem deutschen Gericht lediglich eine lächerliche Geldstrafe aufgebrummt bekam. Ein Ermittlungsverfahren wegen geheimdienstlicher Agententätigkeit gegen den mehrfachen Millionär, eingeleitet 1991, schleppt sich seit Jahren dahin.

Nur für die USA hat Müller auch heute noch offiziell Einreisesperre, weil dort angeblich zwei Ermittlungsverfahren gegen ihn laufen. Aber auch das könnte nur ein Vorwand sein – denn nach wie vor macht Müller mit den Russen heiße Geschäfte: Er betreibt eine riesige Lkw-Flotte mit russischen Partnern, hält Anteile an einer Fährverbindung über die Ostsee und handelt mit High-Tech-Erzeugnissen. Wenn Müller schon in den achtziger Jahren ein Mann des BND oder gar der Amerikaner war, dann dürfte deren Interesse an dem Kieler Geschäftsmann auch heute noch ungebrochen sein, solange sie über ihn VAX-Rechner mit den NSA-Fenstern nach Rußland und ins Baltikum „schmuggeln“ lassen können.

Zeitgleich mit der Operation „Exodus“, die die Lieferlinien der östlichen Geheimdienste im amerikanischen Sinne ordnen sollte, begann in den USA die mysteriöse INSLAW-Affäre, die sogar einen Untersuchungsausschuß des Kongresses beschäftigte. Der frühere NSA-Mitarbeiter Bill Hamilton hatte in den siebziger Jahren das Softwareprogramm „Prosecutors Management Information System“ (PROMIS) entwickelt und vertrieb es erfolgreich über seine Firma INSLAW. Das Programm, eigentlich gedacht für Strafverfolgungsbehörden, Versicherungen und Steuerbehörden, erregte Anfang der achtziger Jahre aufgrund seines genialen Aufbaus die Aufmerksamkeit der NSA.

Plötzlich setzt eine Intrige des US-Justizministeriums gegen die Hamilton-Firma ein, die INSLAW an den Rand des Bankrotts trieb. Das Ministerium habe die Software von INSLAW durch „üble Tricks, Täuschung und Betrug gestohlen“, urteilte 1987 ein amerikanisches Gericht. Bis heute streiten die Parteien um die Höhe des Schadenersatzes.

Nutznießer des miesen Spiels war die NSA, die sich das Superprogramm mit Hilfe des Justizministeriums unter den Nagel gerissen hatte. Computerexperten des Dienstes modifizierten das Programm und versahen es mit „trap doors“, Falltüren, die NSA-Agenten jederzeit das unbemerkte Eindringen in Datennetze, die von PROMIS betrieben wurden, erlaubte.[16]

Solcherart gezinkte PROMIS-Versionen habe die NSA nach 1983 an Behörden in aller Welt verteilt, berichteten Informanten. So tauchte das Programm im Herbst 1983 in der Washingtoner Weltbankzentrale auf „als Kernstück eines Nachrichtensystems, das Daten sammelte und an die Mitgliedsbanken weiterverteilte“, wie ein Zeuge aussagte. Der seinerzeitige

CIA-Chef William Casey rühmte sich später, daß die „Penetration des internationalen Bankensystems“ einer seiner größten Erfolge gewesen sei.[17]

Möglich ist auch, daß die PROMIS-Version der NSA auch in den Osten geschmuggelt wurde. Das dürfte den NSA-Spezialisten alle Möglichkeiten in die Hand gegeben haben, in die geheimen Planungen und Gedankengänge des Ostblocks mühelos einzudringen. Vielleicht war es dieser Vorsprung an Wissen, der die Amerikaner schneller und zielstrebiger auf die Veränderungen im Ostblock reagieren ließ.

Daß bis heute von der möglichen NSA-Unterwanderung östlicher Datennetze nichts bekanntgeworden ist, mag einen triftigen Grund haben: In den meisten osteuropäischen Ländern sind zwar politische Reformen eingezogen – die Technik und die Datennetze der sozialistischen Vorgänger, die Milliarden an Devisen investierten, um die Anlagen stets auf dem aktuellen Höchststandard zu haben, sind nach wie vor in Betrieb.

Den Beleg dafür, daß die Amerikaner nicht nur im Kalten Krieg in den Netzen politischer Gegner illegal herumsurften, sondern auch heute keinen Unterschied zwischen Freund und Feind beim Datenklau kennen, lieferte im Sommer 1996 eine spektakuläre Enthüllung. Computerspezialisten des Europaparlaments in Luxemburg waren auf Eindringlinge im Datennetz der EU gestoßen. Offenbar arbeiteten diese Hacker im Auftrag der USA. Schon häufiger hatten nämlich US-Unterhändler ihre Gesprächspartner von der Europäischen Union mit detailliertem Wissen über EU-Interna überrascht.

Was die Amerikaner bislang an vertraulichen Informationen aus dem Datennetz der EU zogen, läßt sich nur erahnen: Rund 5000 Büros des Europaparlaments in Luxemburg sind miteinander vernetzt. Eingerichtet wurde das System von US-Ingenieuren – was der Agency den Zugang zum Netz erleichtert haben dürfte.

## Unliebsame Schlüssel

Doch die Hacker-Einbrüche in Datenbanken oder die raffinierte Installation von „Fenstern“ sind nur eine Möglichkeit unter vielen, in die geheime Datenwelt von Firmen und global vernetzten Konzernen einzutauchen. Die meisten Informationen, darin sind sich die Experten einig, holen sich die Geheimdienste heute aus dem Internet, über deren „information highways“ stündlich Hunderttausende elektronische Nachrichten jagen.

Längst hätten sich die Lauscher der Geheimdienste Abzweigungen von diesen Datenautobahnen geschaffen, glaubt Wayne Madsen, ein NSA-Experte und Mitautor des Buches „Puzzle Palace“, das die amerikanische Lauschbehörde analysiert. Insbesondere die Knotenpunkte des Internet wie „Fix East“ und „Mae West“, die riesige Datenströme kanalisieren, habe die NSA angezapft. Nach Madsens Worten seien Techniker im Auftrag der NSA damit befaßt, „in die Software der Vermittlungsrechner zusätzliche Programme einzubauen, die Datenpakete je nach ihrem Ursprungs- und Zielort ausfiltern und zur Auswertung abzweigen“.[18]

Angesichts dessen verwundert es nicht, daß die Industrie weltweit nach sicheren Verschlüsselungsverfahren fahndet, mit denen die Firmen und Konzerne ihren Internetverkehr dem Zugriff der Geheimdienste und Wirtschaftsspione entziehen können. Die Nachrichtendienstler heucheln Verständnis, hintertreiben aber nichtsdestotrotz die Zulassung von Krypto-Programmen, die ihre Computer aussperren würden.

Wie zum Beispiel das Verschlüsselungsprogramm „Pretty Good Privacy“, kurz PGP, das der Amerikaner Phil Zimmermann Mitte der achtziger Jahre entwickelt hatte. PGP basiert auf dem Code des sogenannten RSA-Algorithmus, an dem sich Dechiffrierexperten der ganzen Welt seit Jahrzehnten die

Zähne ausbeißen. Kernstück dieses Codes ist im wesentlichen eine sehr große Zahl, die Produkt von zwei Primzahlen ist. Für das Decodieren des Codes müssen die beiden Primzahlen errechnet werden – dafür gibt es aber in der modernen Mathematik noch keinen effizienten Lösungsweg.

Auch Hochleistungsrechner sind mit diesem Problem überfordert. Für das Faktorisieren einer 80stelligen Zahl beispielsweise braucht der schnellste Rechner der Welt drei Tage. Werden die Zahlen jedoch noch größer, wächst auch die Rechenzeit exponentiell an: Zum Knacken eines 200stelligen Zahlencodes etwa benötigt man 3 hoch 120 Tage – das heißt, alle Computer der Welt wären ein paar Jahrtausende mit diesem Problem beschäftigt.[19]

Mehrere Jahre lang ließ die NSA gegen Zimmermann prozessieren. Der Vorwurf war, Zimmermann habe mit der Verbreitung des Programms über Internet gegen amerikanische Exportgesetze verstoßen. Diese Gesetze behandeln Verschlüsselungstechnik, sobald sie eine bestimmte Qualität erreicht, als „Waffen“, deren Ausfuhr unter Strafe steht. Die Einstufung richtet sich nach der Komplexität des verwendeten Schlüssels, also nach der Länge der Schlüsselzahl, ausgedrückt in bit. Die Obergrenze liegt in den USA bei 40 bit. Erst im Januar 1996 stellten die Behörden das Verfahren gegen den PGP-Erfinder ein.

Für die Geheimdienste aber bleiben Verschlüsselungssysteme wie das von Zimmermann eine Horrorvorstellung: Da laufen Informationen durchs Internet und die Spione können sie nicht knacken. Kein Wunder, daß es vor allem die Dienste sind, die nach gesetzlichen Reglementierungen der Verschlüsselungstechnik rufen.

Begründet wird dies mit der Zunahme der international organisierten Kriminalität und des Terrorismus. Wenn deren Protagonisten sich hinter verschlüsselten Programmen verstecken könnten, sei dies „ein unakzeptables Risiko", wie FBI-Direktor Louis Freeh im August 1996 vor einem Ausschuß des US-Senats feststellte. Frankreich hat bereits eine rigide Konsequenz gezogen. Der private Gebrauch von Kryptotechnik wurde grundsätzlich verboten.

Auch BND-Präsident Hansjörg Geiger zeigt zwar Verständnis für die Sorgen der Banken- und Industrievertreter: „Es ist zwingend erforderlich, den Privat-, den Banken-, den Geschäftsverkehr verstärkt durch Kryptierung gegen Angriffe von außen zu schützen." Allerdings müsse es „in besonderen Ausnahmefällen für staatliche Stellen möglich sein, gleichwohl an die Informationen heranzukommen".

Geiger stellt sich einen „Kryptoschlüssel" vor, der bei „besonders vertrauenswürdigen Institutionen", einem sogenannten „trust center", hinterlegt und nur auf richterlichen Beschluß hin ausgehändigt werden darf.[20] Damit steht der BND-Präsident in Europa nicht allein. Im Herbst 1995 machten erste Gerüchte die Runde, die EU erwäge die Einführung eines „Clippers", eines Verschlüsselungssystems, das von Fahndungsbehörden mit richterlicher Genehmigung gebrochen werden kann. Bislang existiert jedoch nur ein allgemeiner Vorschlag des Europarates, Maßnahmen zu ergreifen, um die negativen Auswirkungen der Verschlüsselung auf die Fahndung nach Kriminellen einzuschränken.[21]

In den USA gibt es bereits seit 1994 eine Diskussion um die Einführung eines sogenannten „Clipper-Chips". Dieser Schaltkreis soll Telefone und Modems abhörsicher machen, allerdings mit einer wesentlichen Einschränkung: „Vertrauenswürdige Dritte" sollen die Codes dieser Clipper-Chips verwalten und sie nur auf richterlichen Beschluß an Geheimdienste oder Strafverfolgungsbehörden aushändigen. Eine Idee, die in den USA bislang kaum Zustimmung bei der Industrie gefunden hat.

So bleibt den Unternehmen und Regierungsbehörden bislang nur der Griff nach bewährten Kryptografie-Systemen, wie sie beispielsweise von der in Zug ansässigen Firma Crypto AG seit Jahren angeboten werden. Aber schützen diese Geräte vor den gierigen elektronischen Fühlern der Geheimdienste? Zweifel sind angebracht, denn hinter der Crypto AG stehen angeblich seit Jahrzehnten zwei Geheimdienste - der BND und die NSA.

## Das „Boris Projekt"

Der Fall wurde auf die übliche Weise aus der Welt geschafft: Außergerichtlich einigte sich das Unternehmen mit dem entlassenen Mitarbeiter, einen Teil von dessen Anwaltkosten zu übernehmen. Im Gegenzug verpflichtete sich der Gefeuerte, nichts Negatives mehr über die Firma zu sagen.

Der Vergleich, über den das Züricher Stadtgericht Ende November 1995 ins Bild gesetzt wurde, ist weit über die Schweizer Landesgrenzen hinaus mit Aufatmen zur Kenntnis genommen worden. Zieht er doch ein Unternehmen aus dem Licht der Öffentlichkeit, dessen Geschäftsgebaren so rätselhaft scheint wie die mathematischen Algorithmen, mit denen die Firma ihr Geld verdient. Es geht um die Crypto AG in Zug, die Armeen, Regierungen, Diplomaten, Polizeibehörden, Banken und Wirtschaftsunternehmen in mehr als 120 Ländern der Erde mit Chiffriergeräten versorgt.

Die Crypto AG habe „jahrelang Nachrichtendienst betrieben", hatte der frühere Verkaufsingenieur des Unternehmens, Hans Bühler, in aller Öffentlichkeit behauptet. Die Äußerung brachte Bühler vor den Kadi – wegen Verleumdung, wie Crypto anzeigte. Dabei stand die Zuger Firma noch bei Bühler in der Schuld. Der Ingenieur saß 1992 neun Monate in einem

Teheraner Gefängnis, weil die Mullahs merkten, daß ihre Crypto-Chiffriergeräte von den Amerikanern mühelos geknackt werden können. „Man sagte mir, ich arbeite in einer Spionagefirma, aber ich wußte damals wirklich von nichts", so Bühler 1995.[22]

Inzwischen hat er einiges herausbekommen, was ihn zu der verhängnisvollen Äußerung veranlaßte. Mit der er aber nachweislich im Unrecht war: Denn die Crypto war kein Nachrichtendienst, sie hat bestenfalls mit Diensten zusammengearbeitet. Das wollte auch ein Zeuge vor dem Züricher Gericht bestätigen. Doch der plötzliche Vergleich der Crypto mit Bühler eine Woche vor der Aussage machte den Zeugenauftritt gegenstandslos.

Schon Mitte der fünfziger Jahre hatte der amerikanische Abhördienst NSA seine Finger nach der Crypto AG ausgestreckt. Die Operation wurde von William Friedman, „special assistant" des NSA-Direktors, in Angriff genommen. Er reiste in die Schweiz, um seinen Freund und Crypto-Gründer, den Schweden Boris Hagelin, für eine Zusammenarbeit mit den Amerikanern zu gewinnen.

Hagelin, ein geborener Russe, hatte im Zweiten Weltkrieg eine Chiffriermaschine entwickelt und 140 000 Stück davon an die US-Army verkauft. Dadurch wurde Hagelin, wie der Historiker David Kahn sagt, der „erste Verschlüsselungs-Millionär".

Aus jener Zeit stammte auch die Freundschaft zwischen Hagelin und Friedman. Der Amerikaner brauchte offenbar nicht viel Überzeugungskraft aufbieten – das „Boris Projekt", so der NSA-Code für die Übernahme der Crypto AG, gelang.

Ab Mitte der siebziger Jahre arbeitete mit Norma Mackabee eine ausgewiesene Chiffrierexpertin der NSA als „Beraterin" bei der Crypto AG. Daß die Chiffriergeräte manipuliert und die Programme mit „Fenstern" ausgestattet wurden, damit die

NSA die noch unchiffrierte Meldung abfangen konnte, wird von der Crypto-Geschäftsleitung jedoch heftig bestritten.

Bei den Mitarbeitern der Firma war es dagegen immer ein offenes Geheimnis, daß die Algorithmen, nach denen die Chiffrierprogramme eingestellt wurden, aus den USA vorgegeben wurden. Aber auch von den Deutschen, die von Zeit zu Zeit die Firma in Zug besuchten.

Diese Verfahrensweise änderte sich erst 1979, als der schwedische Mathematiker Kjell Ove Widman als Programmierchef bei Crypto einstieg. Jetzt kamen nicht mehr ausländische Besucher nach Zug mit neuen Algorithmen unterm Arm. Widman hatte die absolute Autorität über die Verschlüsselungsprogramme. Häufig fuhr er allerdings nach Deutschland und kehrte regelmäßig mit neuen Instruktionen für die Geräte zurück. „Bei einer Gelegenheit sagte er uns, daß wir nur die Algorithmen verwenden dürften, die er bestätigt bekommen habe", erinnerte sich 1995 ein langjähriger Mitarbeiter Widmans bei Crypto.[23] Hatte der Bundesnachrichtendienst das NSA-Erbe angetreten?

Tatsächlich berichtete ein ehemaliger Mitarbeiter der Crypto, der seinen Namen nicht nennen wollte, 1996 dem „Spiegel", daß er seine Entwicklungen immer mit den „Leuten von Bad Godesberg" abstimmen mußte. Dort sei die BND-Einrichtung „Zentralstelle für das Chiffrierwesen" gewesen, die Crypto die Verfahren vorgeschrieben habe.[24]

Widmann, seit 1994 wieder in Schweden, weist die Vorwürfe zurück. Er habe niemals die Algorithmen für Crypto-Geräte in der Bundesrepublik bestätigen lassen müssen. Auch in Pullach dementiert man heftig: Eine Beziehung zur Crypto AG gebe es nicht. Gleiches ist aus dem Zuger Unternehmen zu hören: Es gibt keine Kontakte zum BND. Auffällig aber ist, daß hinter der obskuren liechtensteinischen Stiftung, der die Crypto seit einiger Zeit gehört, die deutsche Bundesvermögensverwaltung steckt, eine beliebte Tarnlegende des BND. Schon in den Jahren zuvor waren große Teile der Crypto-Aktien in deutschem Besitz. Der Münchner Verwaltungsrat der Firma, Eugen Freiberger, verfügte 1982 über nahezu alle der 6000 Aktien. In den siebziger Jahren hatte ein Steuerbevollmächtigter der Münchner Treuhandgesellschaft KPMG als Crypto-Verwaltungsrat nach eigener Aussage „das Mandat für die Siemens AG wahrgenommen". Dazu paßt, daß einige der Crypto-Geschäftsführer vorher bei Siemens angestellt waren.[25]

Inzwischen hat sich der Kundenkreis der Crypto verändert. Regierungen und Geheimdienste benutzen heute ganz andere elektronische Möglichkeiten, ihre Nachrichten zu chiffrieren. Zunehmend gewinnt das Schweizer Unternehmen daher Kunden aus dem Wirtschaftsbereich. Unternehmen, die ihre vertraulichen Daten über Geschäfte und Verhandlungspositionen vor allzu neugierigen Ohren verbergen möchten. Auch vor denen von NSA und BND.

# Einen absoluten Schutz gibt es nicht

Es gibt keinen absoluten Schutz gegen Spionage, räumt auch Regierungsdirektor Harald Woll, Chef der Spionageabwehr im LfV Baden-Württemberg, ein. Angesichts der vielfältigen Kommunikationsstränge in Unternehmen sei es selbst bei Bereitstellung erheblicher finanzieller Mittel unmöglich, Betriebsgeheimnisse auf Dauer vor dem Zugriff von professionellen Spionen zu schützen. Ziel sollte daher sein, „Verratstätigkeit zu erschweren, den vom Angreifer zu betreibenden Aufwand zu steigern und das Risiko der Entdeckung unkalkulierbar zu machen".

Dabei ist das Gros der deutschen Unternehmen auf sich selbst angewiesen. Nur 1600 von den rund 2,1 Millionen deutschen Firmen, die derzeit in Deutschland registriert sind, befinden sich in der „behördlichen Geheimschutzbetreuung". Für diese Firmen, die überwiegend staatliche Rüstungsaufträge erfüllen, gelten besondere Schutzmaßnahmen, die von Einrichtungen des Verfassungsschutzes durchgesetzt werden. Der große Rest ist Spionageangriffen weitgehend hilf- und schutzlos ausgesetzt - selbst dann, wenn die Unternehmen in sensible und zukunftsträchtige Technologieforschungen eingebunden sind.

So bleibt nur die Selbsthilfe. Als erstes wäre dabei die Erarbeitung einer Sicherheitskonzeption anzuraten, die der jeweiligen Unternehmensstrategie angepaßt sein sollte. Eine Standardlösung gibt es hier nicht. Vielmehr sollten sorgfältig aufeinander abgestimmte personelle, technische und organisatorische Maßnahmen festgelegt werden, die zugleich vorbeugen und abwehren.

## Maßgeschneiderte Sicherheitskonzepte

Bei den immensen technischen und finanziellen Möglichkeiten, mit denen die Geheimdienste entwickelter Industriestaaten heutzutage vorgehen, müssen solche Sicherheitskonzepte sich vor allem auf den Schutz sensibler Firmendaten, aber auch auf den Personalbereich konzentrieren. Schließlich ist der Einsatz „menschlicher Quellen" auch im Zeitalter modernster Abhörtechnik nicht aus der Mode gekommen.

Ein maßgeschneidertes Sicherheitskonzept läßt sich am besten durch professionelle Sicherheitsfirmen entwickeln. Doch schon hier muß der Informationsschutz beginnen: Das Beraterunternehmen sollte nicht aus den „Gelben Seiten" herausgesucht werden. Besser wäre es, man erbittet in den Ressorts für Geheim- und Sabotageschutz des zuständigen Landesamtes für Verfassungsschutz eine entsprechende Empfehlung.

Diese Behörden sollten auch konsultiert werden, wenn insbesondere klein- und mittelständische Unternehmen eine Partnerschaft mit ausländischen Firmen anstreben. Beim Verfassungsschutz kann man in solchen Fällen beispielswiese erfahren, ob die betreffende Firma oder deren Mitarbeiter wegen eines nachrichtendienstlichen Bezugs bereits aufgefallen sind.

Ähnlich verhält es sich bei der Zusammenarbeit mit einheimischen Kleinfirmen. Auch hier sollte man sich rechtzeitig erkundigen, ob die Inhaber früher etwa für die Stasi gearbeitet haben und somit noch erpreßbar sind oder Beziehungen zu Tarnfirmen ausländischer Geheimdienste unterhalten. In den USA werden von der CIA und vor allem vom FBI sogenannte „grey lists“ oder „black lists“ herausgegeben, die Unternehmen auflisten, die in der Vergangenheit wegen verschiedener Delikte – Waffenhandel, Schmuggel von embargobehinderter Technologie, Zusammenarbeit mit einem fremden Nachrichtendienst oder Gruppen aus der Organisierten Kriminalität – aufgefallen sind. Entsprechende Firmenlisten werden, gegliedert nach Herkunftsland, vor allem auch an Auslandsniederlassungen großer Konzerne verteilt.

In der Bundesrepublik ist die Ausgabe solcher Listen gesetzlich verboten. Der Bundesnachrichtendienst gibt seine entsprechenden Erkenntnisse lediglich an das Bundeswirtschaftsministerium und das Bundesausfuhramt in Eschborn weiter. Dort können betroffene Firmen, bevor sie sich auf Exportgeschäfte mit ausländischen Partnern über sensitive Güter einigen, nachfragen. Auch dann, wenn die Lieferungen – zumindest auf dem Papier – in ein NATO-Land gehen sollen.

Besondere Vorsichtsmaßnahmen sollte man treffen, wenn man in Rußland investiert oder dort eine Firmenniederlasung eröffnet. Selbst der russische Präsident Boris Jelzin mußte 1994 einräumen, daß 80 Prozent der russischen und nichtrussischen Geschäftswelt erpreßt werden.

Die renommierte Londoner Sicherheitsfirma Control Risks Group, Ltd., deren deutsche Niederlassung in Königstein ansässig ist, warnt davor, die Gefahren in Rußland zu unterschätzen. So seien 1994 dort insgesamt 30 000 Morde begangen worden, die Mordrate ist damit entgegen anderslautenden Zahlen russischer Behörden und vor allem Politiker dreimal so hoch wie in den USA.

Auch Entführungen sind an der Tagesordnung. Jährlich trifft es allein in Moskau 50 Ausländer. Besonders „begehrt“ seien dabei Amerikaner, Deutsche und Finnen. Die Lösegeldforderungen seien im Vergleich zu den klassischen Entführungsländern wie Kolumbien, Pakistan und Italien jedoch relativ niedrig. Dennoch sind die Sicherheitsexperten der Control Risks Group überzeugt, daß sich die Risiken für Geschäftsleute in Rußland auf ein Minimum reduzieren lassen. Der Service, den das britische Unternehmen anbietet, ist jedoch nicht billig: Der amerikanische Konsumgüter-Konzern Procter & Gamble beispielsweise, der seit 1990 ein Osteuropa-Geschäft mit 2000 Mitarbeitern und 525 Millionen Dollar Umsatz aufgebaut hat, gestand der Londoner Sicherheitsfirma eine zehnprozentige Umsatzbeteiligung zu.

Zum Servicepaket der Control Risks-Leute gehörte die sorgfältige Auswahl des Büro- und Produktionsstandortes sowie der Wohnungen für das Personal. Maßgebend waren hierbei die mögliche Einrichtung aufwendiger sicherheitstechnischer Anlagen, um schon damit Schutzgelderpressern den Wind aus den Segeln zu nehmen.

Wert wurde auch auf die Auswahl des US- und einheimischen Personals gelegt. Vor allem die US-Bürger wurden geschult, wie sie sich bei Gefahrensituationen zu verhalten haben. So sollte man in kritischen Situationen nie mit Gewalt reagieren, sich so unauffällig wie möglich in der Öffentlichkeit bewegen und stets einen Hundert-Dollar-Schein bei sich tragen.

Zu den Pflichten, die die Control Risks-Experten während der Betreuung ihrer Vertragspartner wahrnehmen, gehören ständige Kontakte mit privaten russischen Sicherheitsfirmen und Regierungsbehörden. Auf diesem Weg lassen sich auch durch mehr oder weniger restriktive Auflagen Erpressungen, Entführungen und Transportrisiken minimieren.

Nichts unternehmen können die Sicherheitsexperten allerdings gegen die unzulässige Nutzung von Insider-Wissen, gegen die Überwachung von Telefon- und Telefax-Verbindungen sowie das Abhören von Büros und Privatwohnungen. Zumal der Einsatz von Chiffriergeräten in Rußland per Gesetz untersagt ist.[1]

Kleineren deutschen Firmen, die sich die teuren Experten der Control Risks Group nicht leisten können, bietet die „Arbeitsgemeinschaft für Sicherheit in der Wirtschaft“ (ASW) in Köln Beratungshilfe. In der ASW-Geschäftsstelle ist eine Broschüre mit dem Titel „Sicher reisen in Rußland“, die sich hauptsächlich an Unternehmen wendet, zu erhalten.

Die ASW wurde im November 1993 gegründet, um Sicherheitsbelange der gewerblichen Wirtschaft gegenüber Politik, Verwaltung und Öffentlichkeit zu vertreten und die Mitgliedsunternehmen in allen Sicherheitsfragen zu unterstützen. Dazu organisiert das ASW Schulungs- und Ausbildungsveranstaltungen und gibt einen regelmäßigen Pressedienst heraus, der über aktuelle Gefährdungspotentiale und Spionagefälle informiert. Gespeist wird dieser Informationsdienst durch Erkenntnisse des Bundeskriminalamtes, des Verfassungsschutzes, des Bundesnachrichtendienstes, des Auswärtigen Amts und des Bundeswirtschaftsministeriums. Die ASW ist damit quasi eine Schaltstelle zwischen Geheimdiensten und Regierung sowie der privaten Wirtschaft.Mitglied der ASW kann jeder Verband der gewerblichen Wirtschaft auf Bundesebene werden. Mitglieder gibt es mittlerweile in allen Bundesländern.

Der Geschäftsführer der ASW, Josef Karkowsky, ist ein Mann vom Fach. Als ehemaliger Direktor für Spionageabwehr im Kölner Bundesamt für Verfassungsschutz weiß er genau, wo die Angriffspunkte bei deutschen Unternehmen liegen. So ist eine der größten Sicherheitsgefahren die Blauäugigkeit und

Naivität deutscher Firmenmanager. Auf Tagungen, Kongressen und Messen werden in aller Offenheit ausländischen Gesprächspartnern Marketingstrategien erläutert, die neueste Produktentwicklung erklärt oder der Kundenkreis bekanntgemacht. Dabei erkennen die Manager oftmals nicht, daß sie – besonders bei Kontakten mit osteuropäischen Firmen – einem geschulten Nachrichtendienstler gegenübersitzen, der auf sie angesetzt wurde.

Doch trotz der guten alten Spionagemethode der „Abschöpfung" werden die meisten Firmengeheimnisse heute durch die elektronische Aufklärung geknackt. Die moderne Kommunikationstechnologie habe – so Josef Karkowsky – die Spionage „abstandsfähig" gemacht. Das heißt, der Abstand zwischen Täter und Tatort sowie zwischen Tatzeit und Schadenseintritt sind heutzutage ungleich größer als noch vor einem Jahrzehnt. So haben amerikanische Experten ermittelt, daß 88 Prozent der Angriffe auf Kommunikationssysteme erfolgreich sind, aber nur vier Prozent der Taten von den Betroffenen überhaupt bemerkt werden.[2]

Tatsächlich gestaltet sich die technische Absicherung von elektronischen Datensystemen extrem aufwendig. So läßt sich durch bestimmte Zusatzgeräte die „kompromittierende Abstrahlung" eines Computers zwar einschränken, aber das Eindringen in Datennetze von außen durch das sogenannte „Hacking" kann man damit nicht bekämpfen. Folgende Grundschutzmaßnahmen können zumindest einen ersten Schritt zur Sicherung des Datenbestandes einer Firma gegen unbefugten Zugriff von „innen" darstellen:

- Einführung einer Benutzer-Hierarchie
- spezieller Zugangs- und Zugriffschutz
- Absicherung der Kabelinfrastruktur und der Schnittstellen
- Tastatur- und Festplatten-Verriegelung, Sicherung gegen Diebstahl des gesamten Rechners

- automatische Verschlüsselung von Festplatten und Disketten
  automatische Protokollierung sämtlicher sicherheitsrelevanter Vorgänge
- Verbot des Mitbringens fremder und privater Softwareprodukte
- Einsatz von Diskless-PC, also Computern ohne Diskettenlaufwerk, in vernetzten Systemen
- Einrichten von sogenannten Clearingstellen für Softwareprodukte (Schutz vor Viren)
- Vorgaben für das physische Löschen von Datenträgern[3]

## Zugriff per Telefon

Doch nicht nur Computer und Datennetze sind den elektronischen Angriffen ausgeliefert, auch die modernen Telefon- und Telefax-Netze erleichtern den Wirtschaftsspionen ihre Arbeit. Schon mit Geräten ab fünf Mark können sich Abhörer in Telefonleitungen „einhängen“. Etwas teurer ist die Investition, um über das Integrated Services Digital Network, kurz ISDN, in die Kommunikationsleitungen eines Konzerns oder einer Behörde einzudringen. Zwischen 1,8 und zwei Millionen kosten nach Schätzungen des ISDN-Sicherheitsexperten Fritz Spang die Geräte, mit denen man ISDN knacken kann.

Aber gerade diese Investition, für Geheimdienste und Konzerne ohnehin eher peanuts, lohnt sich gewaltig. Nahezu unbemerkt kann man Gespräche abhören, Räume akustisch überwachen, sich in Telefonkonferenzen einschalten und sogar sämtliche Daten einer Behörde oder eines Unternehmens, die in den an das ISDN-Netz angeschlossenen Anlagen gespeichert sind, auskundschaften.

Der Einstieg für den Hacker in das Netz ist denkbar einfach. Vom eigenen Computer aus ruft er beim „Opfer“ an und speist seine Software, wird der Anruf entgegengenommen, in Blitzesschnelle in das gegnerische ISDN-Netz ein. Der erste Prozessor der Anlage lädt die Befehle des Hacker-PC als neues Programm in seinen Speicher und ist damit das „trojanische Pferd", über das der Hacker nun mühelos und wann immer er es wünscht in das ISDN-Netz eindringen kann.

Das Risiko der Entdeckung ist gleich null. Benutzt man die richtige Software, kann weder akustisch noch optisch das Eindringen bemerkt werden. Der Hacker kann nun nicht nur Räume überwachen, Telefongespräche und Konferenzschaltungen abhören – mit der eingeschleusten lernfähigen Software ist auch kein an das überfallene Netz angeschlossener Computer vor dem Datenklau mehr sicher.

Die Gefahren für das ISDN-Netz haben auch der Zentralverband der Elektrotechnik- und Elektronikindustrie (ZVEI) und das aus dem BND hervorgegangene Bundesamt für Sicherheit in der Informationstechnik (BSI) erkannt. Beide Organisationen haben deshalb eine Broschüre über ISDN-Netze und deren Sicherheitsprobleme herausgegeben. Nach Ansicht des ISDN-Experten Spang gibt es zwar keinen totalen Schutz, aber mit der Kombination verschiedener Abwehrmittel lassen sich „die Hürden für Eindringlinge höher stellen".[5]

Seit einiger Zeit gibt es auf dem freien Markt relativ preiswerte Schlüsselgeräte für Sprache, Telefax-Dienst und Datenübertragung. Diese entsprechen zwar nicht den hohen Anforderungen des Geheimschutzes, aber sie bieten einen wirksamen Schutz für viele Anwendungen.

So offerierte die Philips-Tochter Crypto auf der Cebit '95 ein Sicherheits-Telefon mit Umschalttaste zum Stückpreis von 8500 Mark. Mit einem einfachen Knopfdruck wird der eingebaute Computer aktiviert, der die Sprache in rauschende Datensignale umwandelt. Der Empfänger, mit dem gleichen Gerätetyp ausgerüstet, hört dechiffriert wieder klare Worte.

Weitaus billiger ist dagegen ein Verschlüsselungsgerät der Firma Louis Cypher aus Riegelsberg bei Saarbrücken. Schon für 3000 Mark bietet der „Louis Cypher LC 1“ nicht nur die Chiffrierung von Gesprächen, sondern auch von Telefaxen an.

Im Oktober 1996 schließlich stellte Siemens auf der Essener Sicherheitsmesse erstmals seine Neuentwicklung „DSM Cord“ vor. Das Verschlüsselungsgerät, geeignet sowohl für analoge als auch digitale Netze, wird einfach zwischen Telefon und Telefonhörer gesteckt. Auf Knopfdruck wird die Sprache verschlüsselt. Dabei wählt das Gerät aus 10 hoch 38 möglichen Schlüsseln aus. Um nur einen dieser Schlüssel zu knacken, müßten eintausend Personalcomputer fünf Jahre lang ununterbrochen rechnen.

Durch die einfache Bedienung, die unkomplizierte Installation und das geringe Gewicht ist „DSM Cord“ sehr flexibel einsetzbar. So kann man zum Beispiel auch vom Hotelzimmer aus vertrauliche Telefonate mit dem Heimatunternehmen führen.

# Ausblick

Schon der Washingtoner Staatsanwalt und Sicherheitsexperte August Bequai stellte fest: „Kleine Firmen bestehlen große Firmen. Große Firmen bestehlen kleine Firmen. Jeder bestiehlt jeden.“ Also muß man mit der geheimdienstlich gesteuerten Wirtschaftsspionage leben und sich seinem Schicksal ergeben?

Eine FORSA-Umfrage vom September 1996 zeigt, daß in Deutschland der Druck auf die Politik wächst, scnell wirksame Schritte gegen diese Form der Spionage zu unternehmen. 86 Prozent von 1000 befragten Deutschen halten nach dieser Umfrage Wirtschaftsspionage für ein schweres Vergehen. Fast genausoviel unterstützen die Forderung von Sicherheitsexperten und der Gewerkschaft der Polizei, wonach eine härtere Rechtssprechung eingeführt werden sollte. In Deutschland gilt Wirtschaftsspionage immer noch als Ordnungswidrigkeit, die mit milden Urteilen geahndet wird.[1]

Ganz anders dagegen in den USA. Dort beschloß der US-Senat im September 1996 ein schärferes Gesetz gegen die geheimdienstlich gesteuerte Ausspähung von Firmen. Für Wirtschaftsspionage zugunsten eines fremden Landes oder eines ausländischen Unternehmens drohen dem Spion bis zu 25 Jahren Gefängnis und eine Viertelmillion Dollar Geldstrafe. Ein eventuell beteiligtes Unternehmen muß bis zu zehn Millionen Dollar Strafe zahlen.[2] Doch ob mit härteren Strafen und schärferen Gesetzen allein dem Krieg der Wirtschaftsspione beizukommen ist, bleibt zu bezweifeln. Auf diesem Schlachtfeld stehen sich nicht einzelne Konzerne gegenüber, sondern Regierungen, die ihre Geheimdienste in die Schlacht um Weltmarktanteile und wirtschaftlichen Einfluß schicken, der gleichzeitig politischen Einfluß verheißt.

Schmackhaft wurde den Befehlshabern dieser „Cold War II“ ausgerechnet durch die „Soldaten“ gemacht: Die Geheimdienste waren es diesmal selbst, die den Krieg um Aufträge und Technologievorsprung vom Zaun gebrochen haben. Keine Ideologien, keine verhüllten Hegemoniebestrebungen, keine politischen Vorgaben waren der Grund, in die Schlacht zu ziehen – die Schlapphüte sind von allein darauf verfallen, sich einen neuen Gegner aufzubauen, nachdem der Kalte Krieg so überraschend plötzlich zu Ende ging und die alten, liebgewordenen Feindbilder über Nacht verschwanden. Insoweit ist die Wirtschaftsspionage auch eine Art Stellvertreterkrieg der Berufsspione – gegen die eigene Identitätskrise und gegen eine notwendige und überfällige Demokratisierung und Reformierung der Geheimdienstpolitik in ihren Ländern.

Ein Ende der geheimdienstlich gesteuerten Wirtschaftsspionage aber erreicht man nicht allein damit, die ausufernde Macht der Nachrichtendienste einzudämmen. Wirtschaftsspionage ist dann überflüssig, wenn eine neue Qualität der internationalen Politik erreicht wird: Eine auf gerechte Verteilung und ökologische Verantwortung basierende Wirtschaftspolitik der führenden Industrienationen, eine uneigennützige Wirtschaftskooperation nationaler und globaler Konzerne mit den Ländern der Dritten Welt und die Bereitschaft aller Staaten, gemeinsam und offen die existentiellen Probleme unserer Welt zu lösen.

# Anmerkungen und Quellen

## Vorwort

1 Vgl. Frankfurter Allgemeine Sonntagszeitung, 11.8.1996

2 Vgl. Welt am Sonntag, 19.3.1995

3 Vgl. Annual Report to Congress on Foreign Economic Collection and Industrial Espionage, Juli 1995, Washington

4 Das „Coordinating Committee for East-West Trade Policy" (CoCom) in Paris gab in regelmäßigen Abständen im Auftrag der NATO und Japans Listen von technologisch hochwertigen Gütern heraus. Auf diesen ebenso geheimen wie umstrittenen CoCom-Listen befanden sich all jene Waren, die sowohl zivil als auch militärisch genutzt werden konnten. Deren Ausfuhr in den Ostblock war daher stark beschränkt oder völlig verboten.

## Deutschland – Eine geheimdienstfreie Zone?

1 Vgl. Newsweek, 30.10.1995

2 Vgl. Sunday Times, 4.8.1996

3 Vgl. Die Welt, 10.11.1995

4 Vgl. Süddeutsche Zeitung, 8.11.1996

5 Vgl. Süddeutsche Zeitung, 4.6.1996

6 Vgl. Spiegel, 12/97

7 Verfassungsschutzbericht 1995, Bundesamt für Verfassungsschutz, Köln

8 Vgl. Handelsblatt, 18.12.1996

9 Berlins Innen-Senator Jörg Schönbohm auf einer Pressekonferenz, 19.6.1996

## Die russischen Dienste – Für Volk und Vaterland

1 Vgl. Der Spiegel, 8/1996

2 Vgl. Der Spiegel, 5/1996

3 Vgl. FAZ, 11.4.1996

4 Vgl. Intelligence, Nr. 264, 8.5.1995

5 Vgl. Verfassungsschutzbericht 1995, LfV Berlin

6 Vgl. BfV-Bericht 1995

7 Vgl. BZ, 19.5.1996

8 Vgl. BfV-Bericht 1995

9 Öffentliche Sitzung des Geheimdienstausschusses des Berliner Abgeordnetenhauses, 20.2.1997

10 ebenda

11 Als der Berliner Innenstaatssekretär Böse die krude Erkenntnis der Verfassungsschützer an die Presse weitergab, reagierte die russische Seite Anfang März 1997 erbost über diesen Vorwurf: Der Leiter der Außenstelle, Valentin Koptelzew, bezeichnete diese Unterstellungen in einem Brief an die Senatskanzlei als „persönlich beleidigend" und legte „scharfen Protest" ein. Doch auch bei Berliner Politikern kamen Zweifel über diese „Agentenstory" auf. So wies die Rechtsexpertin von Bündnis 90/Grüne, Renate Künast, darauf hin, daß die Kulturveranstaltungen der Russischen Botschaft Unter den Linden von der deutschen Wirtschaft (darunter Mercedes Benz und Deutsche Bank) gesponsert werden. Jeder, der das Gebäude aufsucht, wisse, wohin er sich begebe, so die Abgeordnete: „Ich kann mir nicht vorstellen, daß ein deutscher Wirtschaftsführer dort beim Bier erzählt, wie er gerade den neuesten Mikrochip hat entwickeln lassen." Und Botschaftssprecher Andrej Serjogin wies darauf hin, daß der deutsche Lions-Club und die Daimler-Benz-Tochter debis regelmäßig Unter den Linden Veranstaltungen abhielten. (Vgl. Tagesspiegel, 6.3.1997)

12 Pressekonferenz des LfV Brandenburg, 22.2.1996, Potsdam

13 Vgl. LfV-Berichte Berlin 1995

14 „Spionageziel Wirtschaft" von R.O.M. Engberding, VDI-Verlag, 1993, S.94

15 Vgl. Spiegel, 16.12.96

16 Vgl. LfV-Bericht Berlin 1995

17 Vgl. BfV-Bericht Köln 1995

18 ITAR-TASS, 27.4.1994

19 Rede anläßlich des 75jährigen Bestehens der russischen Auslandsaufklärung, ITAR-Tass, 21.12.1995

20 Interview mit Primakow im Russischen Fernsehen 1, 19.12.1995

21 Vgl. The European, 23.-29.11.1995

22 Vgl. Berliner Morgenpost, 28.4.1995

23 Vgl. Der Spiegel, 15/1996

24 ITAR-TASS, 27.4.1994

25 ITAR-TASS, 1995

26 Vgl. LfV-Bericht Berlin 1995

27 Eduard Vermander, Berliner LfV-Chef, auf einer Pressekonferenz am 20. 2. 1997 in Berlin

28 Vgl. Die Welt, 3.5.1995

29 Vgl. LfV-Bericht Berlin 1995

30 Vgl. Focus, 18.11.1996

31 Vgl. Berliner Zeitung, 24.1.1996

32 Vgl. Focus, 41/1996

33 Vgl. Der Spiegel, 7/1996

34 Vgl. Washington Post, 19.11.1992

35 Vgl. AFP, 25.9.1995

36 Vgl. Intelligence Newsletter (IN), 34/96

37 Vgl. Süddeutsche Zeitung, 30.4.1996

38 Vgl. BfV-Bericht 1995

39 Vgl. Der Spiegel, 14/1996

40 Öffentliche Sitzung des Geheimdienstausschusses des Berliner Abgeordnetenhauses, 20.2.1997

41 Orientacja na prawo, Warschau, April 1992

42 Vgl. Abweichender Bericht der Berichterstatterin der Gruppe Bündnis 90/ Die Grünen im 1. Untersuchungsausschuß, Ingrid Köppe, MdB, vom 27.5.1994 (Geheim eingestuft)

43 Vgl. Berliner Zeitung, 26.7.1996

44 Zeugenanhörung von Willy Koch vor dem Bundestags-Untersuchungsausschuß „DDR-Vermögen", 26.9.1996

45 Über den Umfang der von Koch übergebenen Stasi-Unterlagen und -Dossiers wurde der sogenannte Schalck-Untersuchungsausschuß des Bundestages erst kurz vor dem Ende seiner Beweisaufnahme im Juni 1994 informiert. Wie sich zwei Jahre später herausstellte, war diese Unterrichtung zudem lückenhaft: In dem Bericht des BND, der auch so an das Bundeskanzleramt gegangen war, hatte der Pullacher Dienst 1994 nur von 22 Dossiers gesprochen, die Koch neben den 70 MfS-Disketten übergeben hatte. 1996 korrigierte der BND die Zahl der Dossiers auf 70; außerdem räumte

der neue BND-Chef Geiger ein, daß es entgegen früheren Aussagen doch Protokolle über die Treffs von BND-Mitarbeitern mit Koch gebe. In den Unterlagen und Dossiers, die Koch an Pullach übergeben hatte, befanden sich Details über westliche Embargolieferanten der Stasi, deren Bankverbindungen, Transportwege und Beziehungen zu Politikern der Bundesrepublik.

46 So taucht Eckart Werthebach als Mitautor des 1986 erschienenen Buches „Innere Sicherheit" auf, in dem es vor allem um die rechtlichen Grundlagen der Tätigkeit bundesdeutscher Geheimdienste geht.

47 Vgl. Berliner Zeitung, 19.9.1995

48 Vgl. Focus, 48/1993

49 Mehrere ranghohe MfS-Offiziere, darunter auch Ex-General Edgar Braun, hatten im Januar 1992 einen Brief an den damaligen BfV-Präsidenten Werthebach verschickt. Darin verlangten sie den Schutz ehemaliger MfS-Agenten vor Enttarnung und Strafverfolgung. Andernfalls, so drohten sie unverhohlen, könnte es zu Gewalttaten der Ehemaligen kommen. Außerdem schrieben sie, daß eine weitere Offenlegung der Strukturen des MfS sich nachteilig auf die Akzeptanz westlicher Geheimdienste bei der Bevölkerung auswirken könne. Schließlich kündigten die Verfasser des Briefes an, daß bei Nichterfüllung ihrer Forderungen Stasi-Akten mit kompromittierenden Erkenntnissen über „bestimmte Leute" in die Öffentlichkeit lanciert werden könnten. Angestrebt werden sollten jedoch „stille Lösungen". Edgar Braun ist Mitarbeiter einer Immobilienfirma, die unter anderem Aufträge der Treuhand-Nachfolgebehörde BvS erhält. Zudem ist Braun ein gerngesehener Gast in Lobby-Verbänden und Unternehmerrunden, wo er Visitenkarten mit der Aufschrift „Edgar Braun, General a.D." verteilt und über Geheimdienste im allgemeinen und die Stasi im besonderen refriert.

50 Archiv des Autors

51 Vgl. Der Spiegel, 8/1995

52 Vgl. Der Spiegel, 18/1995

## Die US-Dienste – Economic warfare

1 Der Streit um die Spionagesatelliten ist in der Bonner Regierung noch nicht entschieden. Obwohl sich Bundeskanzler Helmut Kohl für die Multi-Milliarden-Entwicklung der deutsch-französischen Himmelsspäher „Helios 2" und „Horus" stark macht, hält außer Bundesverteidigungsminister Rühe auch der BND dagegen. Während Rühe zugunsten „seines" Eurofighters das Geld für das Kohl-

Prestigeobjekt lieber sparen würde, treibt den Pullacher Dienst eine andere Sorge um: Haben doch die Franzosen eine gemeinsame Nutzung davon abhängig gemacht, daß die Deutschen immer mitteilen müßten, wann und wofür sie den Satelliten nutzen wollen. Die Amerikaner hingegen geben sich nicht so neugierig. Die Lockheed-Technik könnte Deutschland auch nutzen, ohne vorher die USA zu fragen. Kein Wunder: Seit Jahren gibt es Hinweise darauf, daß die USA Rechneranlagen und Satelliten mit unauffindbaren „Fenstern" ausstattet, durch die amerikanische Geheimdienste unbemerkt eindringen können.

2 Vgl. Der Spiegel, 17.7.95

3 Vgl. Der Spiegel, 17.3.97

4 Die CIA ist im Besitz von Karteien der Stasi-Hauptverwaltung Aufklärung (HVA), die Ende des Jahres 1988 auf Befehl des damaligen HVA-Chefs Großmann gefertigt wurden. Diese Karteien enthalten folgende Angaben über die Spione der HVA: Deckname, Registriernummer, Führungsstelle bei der HVA, IM-Kategorie, Zeitpunkt der Werbung, Angaben zur Person des IM (jedoch kein Klarname), Zielobjekte und Zuverlässigkeit des IM, Verbindungswesen, Daten und Namen von Personen, die mit dem Agenten in einer bestimmten Beziehung stehen, Angaben über die Entwicklung des IM-Vorgangs. Wie die Kartei in die Hände der CIA gelangte, ist nach wie vor ungeklärt. Zunächst gab es Gerüchte, die Unterlagen seien über Moskau und den KGB nach Washington gelangt. Inzwischen aber gibt es Hinweise darauf, daß ein hochrangiger HVA-Offizier, der selbst mit der Auflösung der Hauptverwaltung befaßt war, die Daten an die Amerikaner verkauft hat.

5 Vgl. Spiegel, 12/97, 17.3.1997. Nachdem die Affäre bekannt wurde, rechtfertigte sich die CIA damit, daß ihre Männer über den deutschen Beamten lediglich die wirtschaftliche Situation Irans ausspionieren wollten. Es sei mitnichten darum gegangen, eine verbündete Regierung auszuspähen. Auch hier liegt wohl die Wahrheit in der Mitte: Weil die Amerikaner seit Jahren mit Mißtrauen den sogenannten „kritischen Dialog" Bonns mit Teheran beobachten, haben sie natürlich auch ein Aufklärungsinteresse an den deutsch-iranischen Geschäftsbeziehungen.

6 Vgl. International Herald Tribune, 24.12.1992

7 Vgl. Handelsblatt, 16.9.1996

8 „Welcome to Cold War II", by Deighen, Roderick P., in: Chief Executive (U.S.), Jan-Feb 1993, S. 42

9 Protokoll der Sitzung des Geheimdienstausschusses des US-Senats vom 5.8.1993 in Washington

10 Jeffrey Richelson vom Washingtoner National Security Archives in

der TV-Dokumentation „Wirtschaftsspionage" von Egmont R. Koch, ZDF 1995

11 Intelligence Watch Report, Vol. 2, No. 2, 1995

12 Das NRO ist formell dem Luftwaffenministerium unterstellt, wurde aber bis 1992 in amtlichen Dokumenten nicht erwähnt, obwohl es bereits 1960 gegründet wurde. Das NRO ist ein spezifischer Bestandteil der intelligence community der USA und übernimmt ähnliche Aufgaben wie das Direktorat für Wissenschaft und Technik der CIA im Rahmen des Keyhole-Satellitenprogramms. Mit einem Jahresetat von durchschnittlich sieben Milliarden Dollar hat das NRO den größten Einzelhaushalt in der intelligence community. Zu den Hauptaufgaben der NRO gehört die Beschaffung spezieller Informationen durch vereinigte Aufklärungsprogramme. (Qu.: CD-ROM „Internationale Geheimdienste", Forschungsinstitut für Friedenspolitik, Weilheim)

13 ebenda

14 vgl. „Welcome to Cold War II..."

15 ebenda

16 ebenda

17 Peter Schweizer: „Friendly Spies - How America's Allies are Using Economic Espionage to Steal our Secrets", The Atlantic Monthly Press, New York 1993; „Diebstahl bei Freunden", Berlin 1993. Schweizers Buch ist unter Geheimdienstexperten umstritten. Tatsächlich hatten zwei britische Journalisten nachgewiesen, daß mehrere der von dem Autor geschilderten Spionagefälle falsch dargestellt oder sogar erfunden waren. Besonders peinlich: Die beiden französischen Agenten Pascal Fasquelle und Francois Lorot, die Schweizer angeblich über Operationen des Geheimdienstes informiert hatten, existieren nicht. Vielmehr sind ihre Namen aus dem von Schweizers Pariser Freund, dem Bankangestellten Pascal Lorot, abgeleitet (in: Sunday Times, 11.4.1993)

18 Detroit Free Press, 19.4.1993

19 Intelligence, Nr. 261, 27.3.95

20 ebenda

21 Erich Schmidt-Eenboom (Hrsg.): „Nachrichtendienste in Nordamerika, Europa und Japan", CD-ROM, Forschungsinstitut für Friedenspolitik, Weilheim 1995

22 TV-Dokumentation „The Hill" von Duncan Campbell, BBC 1993

23 1947 wurde zwischen den USA und Vertretern des Commonwealth das „UK-USA Security Agreement" abgeschlossen, das einen Informationsverbund von Partnerdiensten erstmals regelte. Dieser sogenannte „UKUSA-Vertrag" teilte die Informationsbe-

schaffung und -vergabe zwischen einer Partei ersten Ranges (First Party) – die USA – und den Parteien zweiten Ranges (Second Parties) – das waren seinerzeit Großbritannien, Australien, Neuseeland und Kanada - auf. Später kamen noch Parteien dritten Ranges (Third Parties) hinzu, darunter die NATO-Partner Deutschland, Dänemark und Norwegen sowie Malaysia, Singapur, Japan, Südkorea, China, Israel, Taiwan und Südafrika. Für großes Interesse für die USA ist vor allem, daß der „UKUSA-Vertrag" der NSA die Errichtung eigener und die Mitnutzung bestehender Abhörstationen in den Vertragsstaaten sichert.

24 Vgl. tageszeitung, 18.9.96

25 Vgl. Der Spiegel, 17.3.97

26 Evening Standard, Mai 1995

27 Vgl. Der Spiegel, 34/1996

28 Vgl. Der Spiegel, 40/1996

29 Unclassified, Okt/Nov.1993

30 Washington Post, 19.11.1992

31 Intelligence, Nr. 256, 19.1.1995

32 Die SCIP wurde 1986 als internationaler Zusammenschluß von Experten der Wirtschaftsaufklärung gegründet. Das Motto des mehrheitlich aus ehemaligen Geheimdienstlern rekrutierten Unternehmens lautet „Know Thy Competitors - Kenne Deinen Konkurrenten". Die SCIP vermittelt interne Analysen der Geheimdienste und schult ihre Mitglieder darin, wie man Stärken und Schwächen eines Konkurrenten bewertet, gegenwärtige und potentielle Mitbewerber eines Unternehmens und ihre Marktstrategien erkennt sowie die gewonnenen Erkenntnisse aus der Wirtschaftsaufklärung so aufbereitet, daß sie für die Entscheidungsträger in den Unternehmen nützlich sein können. Die SCIP hatte zunächst auch Ableger in Frankreich und Japan. Mit dem Aufflammen des „Spionagekriegs" zwischen Frankreich und den USA kam es jedoch 1995 zum offenen Bruch: Die SCIP-USA verbot der französischen SCIP-Filiale die weitere Benutzung des Namens. SCIP-Frankreich wandelte sich daraufhin in die Global Business Intelligence Alliance (GBIA) um. Beide Unternehmen konkurrieren jetzt um den noch weitgehend unerschlossenen EU-Markt der competitive inteligence. Die erste Werbeveranstaltung der SCIP-USA am 24. Oktober 1995 in Genf aber ging gründlich daneben: Obwohl prominente Referenten, unter ihnen Ex-CIA-Direktor Colby, angekündigt waren, nahmen nur 15 statt der erwarteten 40 Sicherheitsexperten teil. In Europa hat die SCIP lediglich 144 Mitglieder, hauptsächlich aus Großbritannien (32) und Schweden (27). Insgesamt gehören der SCIP 2870 Personen aus 31 Staaten an, 90

Prozent der Mitglieder stammen aus den USA. (Qu.: Intelligence Nr. 275, 9.11.1995, Intelligence around theWorld, 9.10.1995)

33 Intelligence, Nr. 275, 9.11.1995

34 TV-Reportage „Dirty Tricks" von Jo Angerer, WDR, Dezember 1993

35 ebenda

36 Washington Post, 19.11.1992

37 Intelligence Newsletter, 26/95, S. 45

38 Intelligence, Nr. 261, 27.3.1995

## Frankreich – Angriff aus Fort Noissy

1 Sunday Times, 16.6.96

2 Intelligence around the World, 9.10.1995

3 Intelligence, Nr. 261, 27.3.1995

4 TV-Reportage „Dirty Tricks", WDR, Dezember 1993

5 Vgl. André Marty, Züricher Sonntagszeitung, Juni 1996. 1990 und 1991 hat die Schweiz auf dem Hohen Randen bei Schaffhausen und dem Hohen Kasten bei Rüthi zwei Stationen für die funkelektronische Aufklärung gebaut, die eindeutig nach Deutschland ausgerichtet sind. Insbesondere werden von hier aus der Funk- und Telefonverkehr im Rheinland, in Bayern und Baden-Württemberg abgehört. Die ausgewerteten Informationen tauschen die Eidgenossen mit Frankreich aus.

6 Erich Schmidt-Eenboom/Jo Angerer: Die schmutzigen Tricks der Wirtschaftsspione, Econ-Verlag, 1994, S. 132

7 Intelligence, Nr. 263, 24.4.1995

8 Intelligence, Nr. 260, 13.3.1995

## Deutschland – Diskretion Ehrensache

1 Vgl. Berliner Zeitung, 26.1.1996

2 Vgl. Focus, 18/1996

3 Nach einem Bericht des ARD-Politmagazins „Panorama" vom 14.11.1996 sollen die UN-Kontrollen des irakischen Atomwaffenprogramms, die 1991 begannen, systematisch zur Wirtschaftsspionage mißbraucht worden sein. Das gehe aus einem BND-Bericht hervor. Betroffen sei insbesondere die deutsch-holländisch-belgische Firma „Urenco", deren Gasultrazentrifugal-Anlagen (GUZ) von Schaab in den Irak geschmuggelt wurden. Technische Unterlagen, die in irakischen Fabriken sichergestellt wurden, seien unkontrolliert durch die Hände mehrerer UN-Inspektoren gegangen. Da-

bei soll es sich bei dem USA-Vertreter Kray in der UN-Gruppe nach Aussagen anderer Inspektoren um einen CIA-Mitarbeiter gehandelt haben. Dieser habe auch veranlaßt, daß die GUZ-Unterlagen auf CD-ROM kopiert worden sind. Firmenvertreter von „Urenco" sprachen in der TV-Sendung davon, daß ihnen durch diese Spionageoperation ein nicht bezifferbarer Schaden entstanden ist.

4 Vgl. Der Spiegel, 35/1996

5 a. a. O.

6 Schmidt-Eenboom/Angerer: Die schmutzigen Geschäfte der Wirtschaftsspione, Econ Verlag, 1994, S. 83

7 Archiv des Autors

8 Vgl. „Spione im Kontor", Wochenpost 19.5.1993

9 In einem Schreiben des BND-Mitarbeiters Hochfeld vom 21. September 1994 an den Leiter der agentenführenden BND-Abteilung 1 (Beschaffung) ist ein verräterischer Satz enthalten. Gegenstand des Schreibens ist die Honorierung des BND-Agenten Rafa für seine Leistungen in der Operation „Hades", die als „Plutonium-Affäre" 1995 einmal mehr den Pullacher Dienst in die Negativ-Schlagzeilen brachte. Rafa hatte in Abstimmung mit dem BND den illegalen Transport von Plutonium an Bord einer Lufthansa-Maschine nach Deutschland eingefädelt. In dem Schreiben wird als Begründung für Rafas Anspruch auf ein Honorar auch jener Aspekt benannt, der den Ausschlag für die heikle BND-Operation gegeben haben dürfte: „Weiterhin fand der Plutonium-Fall auch in der raschen Konsensfindung beim Verbrechensbekämpfungsgesetz einen Niederschlag." Tatsächlich hatte die Regierung Kohl im Spätsommer 1994 Mühe, die nötige Mehrheit für das Gesetz zu finden, daß vorallem dem BND eine Ausweitung seiner Befugnisse erlauben sollte. Da kam der „Plutonium-Fall" und die sich anschließende Hysterie um die angebliche Bedrohung durch einen weltweit organisierten Handel mit Nuklear-Material gerade recht. Nicht zuletzt mit dem Verweis auf die Beschlagnahme des Plutoniums am Münchner Flughafen wurde das Gesetz im Herbst 1994 schließlich mit großer Mehrheit im Bundestag gebilligt.

10 Schmidt-Eenboom/Angerer, Die schmutzigen Geschäfte der Wirtschaftsspione, Econ-Verlag, 1994, S.83

11 Vgl. Spiegel, 6.4.1981

12 Schmidt-Eenboom/Angerer, Die schmutzigen Geschäfte der Wirtschaftsspione, Econ-Verlag, 1994, S. 84

13 Vgl. Focus, 18/1993

14 ebenda

15 AP, 2.11.1996

16 Vgl. Berliner Zeitung, 26.1.1996

## Kleine Länder, ganz groß

1 Hearing on „Proliferation Threats of the 1990's“, US Senate, Committee on Governmental Affairs, 24.2.1993

2 „A new Challenge after the Cold War: Proliferation of Weapons of Mass Destruction“, Russian Federation Foreign Intelligence Service Report, 5.3.1993

3 Vgl. Bonn-Info, 22/1994

4 Vgl. Focus, 30/1996

5 Washington Post, 12.6.1992

6 Vgl. BfV-Bericht „Die iranischen Nachrichtendienste“, Köln 1993

7 Vgl. „Wirtschaftsspionage und Informationsschutz“, LfV Baden-Württemberg, 1994

8 ebenda

9 US-Senatsausschuß, Februar 1993

10 Öffentliche Sitzung des Geheimdienstausschusses des Berliner Abgeordnetenhauses, 20.2.1997

11 Vgl. Schmidt-Eenboom/Angerer:Die schmutzigen Geschäfte der Wirtschaftsspione, Econ-Verlag, 1994

12 Time, 22.2.1993

13 News and World Report, Oktober 1988

14 Ha'aretz, März 1989

15 Vgl. Schmidt-Eenboom/Angerer: Die schmutzigen Geschäfte der Wirtschaftsspione, Econ-Verlag1994

16 Vgl. „Welcome to Cold War II“

17 ebenda

18 Intelligence Nr. 268, 3.7.1995

19 Intelligence Newsletter, 34/96

## Eingangstor Computer – Datenklau und Hackerkrieg

1 Vgl. Münchner Merkur, 26.11.1993

2 Schmidt-Eenboom/Angerer: Die schmutzigen Geschäfte der Wirtschaftsspione, Econ-Verlag1994, S. 296/297

3 Vgl. Computerworld Schweiz, 17/92

4 Vgl. Der Spiegel, 36/1996

5 Vgl. Peter Schweizer: „Friendly Spies“, New York, 1993

6 Hearing on „Security in Cyberspace“, US Senate Permanent Subcommittee in Investigations, Committee on Governmental Affairs, Protokoll vom 22.5.1996

7 Vgl. Computerworld Schweiz, 46/90

8 Vgl. Computerworld Schweiz, 17/93

9 Hearing „Security in Cyberspace“, 22.5.1996

10 ebenda

11 Hearing on „Security in Cyberspace“, 5.6.1996

12 Vgl. Amman/Lehnhardt/Meißner/Stahl: Hacker für Moskau, Wunderlich, 1989

13 Vgl. Berner Zeitung, 4.3.1989

14 Vgl. Amman/Lehnhardt/Meißner/Stahl: Hacker für Moskau

15 Vgl. Der Spiegel, 36/1996

16 Vgl. Koch/Sperber: Die Datenmafia, Rowohlt, 1995

17 ebenda

18 ebenda

19 Vgl. profil, 41/96 u. Berliner Zeitung, 10.10.1996; Anfang Oktober 1996 hatte die rechtsextreme Terrorgruppe „Bajuwarische Befreiungsarmee“ (BBA), die seit Jahren mit Briefbombenattentaten die österreichische Öffentlichkeit in Atem hält, eine codierte Nachricht dem Wiener Magazin „profil“ zukommen lassen. Angeblich seien hinter dem Code Details zu neuen Anschlägen verborgen. Der Code basierte auf dem RSA-Algorithmus: Eine 243stellige Zahl galt es zu faktorisieren, die errechneten Primzahlen seien der Schlüssel für die Nachricht. Sensationellerweise legten Krypto-Experten des Wiener Innenministeriums schon nach wenigen Tagen, am 9. Oktober, die Lösung vor. Mit „Gehirnschmalz“, so Innenminister Einem, hätten die Beamten den Code geknackt. An dieser Aussage aber gab es von Chiffrierexperten in der ganzen Welt Zweifel: Tatsächlich hatte wohl ein versteckter Hinweis der Briefverfasser den Beamten auf die Sprünge geholfen. Hatten die BBA-Aktivisten doch die Absicht, ihr codiertes deutschtümelndes Gefasel noch vor den Europawahlen in Österreich am 13. Oktober 1996 kundzutun.

20 Vgl. Der Spiegel, 34/1996. In Deutschland arbeitet derzeit eine geheime Arbeitsgruppe im Bundeskanzleramt an einem Kryptogesetz. Der „Staatssekretärsausschuß für das geheime Nachrichtenwesen und die Sicherheit“ will eine Regelung auf den Weg bringen, wonach jede Verschlüsselung von Nachrichten, die über Telefon, Telefax oder Computer versandt werden, unter Strafe gestellt wird – sofern nicht bei einem noch zu schaffenden „trust center“ der Schlüssel für das angewendete Kryptographie-Verfahren hinterlegt ist. Eine vergleichbar strenge Regelung ist in den USA und den Niederlanden gescheitert, weshalb deutsche Politiker und Industrielle gegen die Krypto-Gesetzespläne auch Front machen. Sie

befürchten bei einem deutschen Alleingang weltweite Probleme und Rechtsunsicherheiten.

21 Risk-Forum, 22.10.1995

22 Baltimore Sun, 10.12.1995

23 ebenda

24 Vgl. Der Spiegel, 36/1996

25 ebenda

## Einen absoluten Schutz gibt es nicht

1 Vgl. Frankfurter Allgemeine Zeitung, 13.10.1995

2 Vgl. Handelsblatt, 16.9.1996

3 Vgl. Wirtschaftsspionage und Informationsschutz, LfV Baden-Württemberg, November 1994

4 Vgl. Süddeutsche Zeitung, 23.12.1996

## Ausblick

1 Vgl. Süddeutsche Zeitung, 8.10.1996

2 Vgl. Handelsblatt, 16.9.1996

# Die wichtigsten Dienste im Überblick

## Die US-Nachrichtendienste

Die US-Geheimdienste sind in der sogenannten „intelligence community“ zusammengeschlossen. Diese „Gemeinschaft der Nachrichtendienste“ umfaßt alle Dienststellen und Agenturen der Regierung, die insgesamt oder in Teilbereichen nachrichtendienstliche Aktivitäten durchführen und damit den Interessen der nationalen Sicherheit dienen. Zur community gehören:

- der **Nationale Sicherheitsrat** und seine Beratergremien
- der Direktor der Zentralen Aufklärung (**DCI**) mit seinem Stab
- die **CIA**
- die Geheimdienste des Verteidigungsministeriums **NSA**, **DIA** und **NRO**
- die **Aufklärungsabteilungen** des Außenministeriums, des Finanz- und des Energieministeriums
- die **Auslandsaufklärung** und Gegenspionage des Militärs
- das **FBI**, vor allem seine Abteilungen für Spionageabwehr.

Das Jahresbudget der intelligence community beziffern Experten auf 28 bis 30 Milliarden Dollar. Den größten Einzeletat beansprucht dabei die NSA, die **National Security Agency**. Insider sprechen von zehn Milliarden Dollar, die der für funkelektronische Aufklärung zuständige Geheimdienst verschlingt. Auch in der Mitarbeiterzahl ist die NSA Spitzenreiter: Weltweit belauschen mehr als 140 000 NSA-Mitarbeiter den Funk- und Satellitenverkehr. Allein in der NSA-Zentrale in Fort Meade, Maryland, arbeiten rund 50 000 Menschen.

National Counterintelligence Center

- CIA, Abteilung für Spionageabwehr
- Defense Intelligence Agency (DIA)
- GD-Kommando der US-Army
- Naval Crim. Invest. Service (NCIS)
- Office of Special Invest. der Air Force (OSI)
- Defense Infest. Service (DIS)
- Personal Security Research Institute
- National Security Agenca (NSA)
- FBI, Nationale Sicherheitsabteilung
- US-Zollbehörde
- Einrichtungen im
  - Außenministerium
  - Verteidigungsministerium
  - Handelsministerium
  - Energieministerium
  - Finanzministerium

## Die russischen Nachrichtendienste

Im Ergebnis der KGB-Reform sind 1992 mehrere neue Geheimdienste entstanden. Andere Diensteinheiten wurden ausgegliedert und „privatisiert“. Sie arbeiten heute zum Teil als Institute und dienen als Kooperationspartner der Dienste. Insgesamt verfügt Rußland über sieben Nachrichtendienste.

- **SWR** – Der zivile Auslandsnachrichtendienst betreibt heute weltweit „klassische“ Spionage in den Bereichen Innen-, Außen- und Sicherheitspolitik. Stark zugenommen hat in den letzten Jahren die Informationsbeschaffung im Bereich der Wirtschaft, Wissenschaft und Technik.

- **GRU** – Sie ist vor allem ein militärischer Auslandsaufklärungsdienst. Daneben betreibt der Dienst in Konkurrenz zum SWR verstärkt Aufklärung im wissenschaftlich-technischen Bereich. Die dabei gewonnenen Erkenntnisse verkauft die GRU an die private Wirtschaft Rußlands und finanziert sich damit zum Teil selbst.

- **FAPSI** – Der Nachrichtendienst für Fernmelde- und elektronische Aufklärung erfaßt unter anderem den ausländischen Fernmeldeverkehr und dringt in geheime Netze von Sicherheitsbehörden und geschützten Objekten ein.

- **SBP** – Dieser Sicherheitsdienst ist nach dem gescheiterten Putsch im Spätsommer 1993 gegründet und unmittelbar Präsident Jelzin unterstellt worden. Der SBP ist die FAPSI angeschlossen, die seit kurzem per Jelzin-Ukas für die Überwachung des russischen Rüstungsexportes verantwortlich ist. Die SBP unterhält Kooperationsbeziehungen mit dem US-Geheimdienst NSA.

- **FSK** – Diese Organisation ist für die Spionageabwehr in Rußland zuständig. Bei ihrer Informationsbeschaffung im

Bereich der Wirtschaft macht sie allerdings an den Landesgrenzen nicht halt. Das FSK überwacht zudem Zimmer und Telefone in führenden Moskauer Hotels.

- **FPS** – Diese Verwaltung hat militärspezifische Aufgaben innerhalb der Grenztruppen zu lösen.

- **GUO** – Die „Hauptverwaltung Schutz“ ist für die Sicherheit der russischen Regierung und öffentlicher Einrichtungen zuständig.

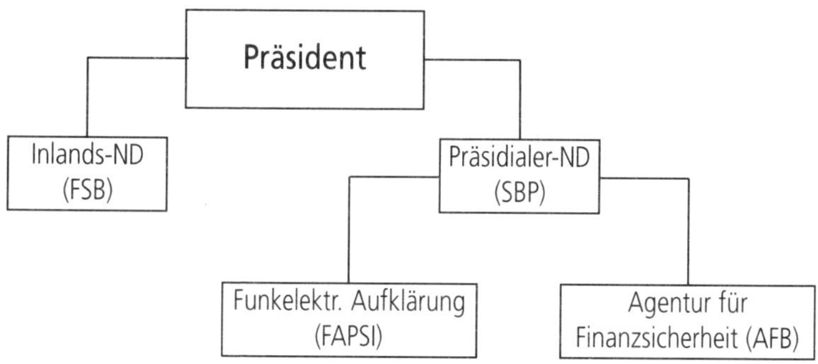


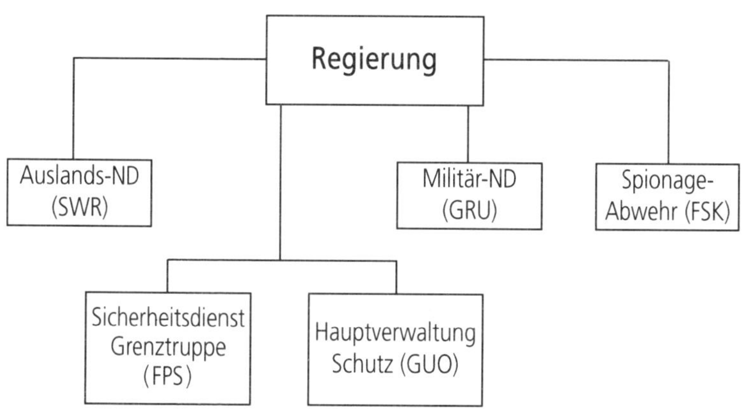

## Die französischen Nachrichtendienste

Frankreich besitzt neben speziellen nachrichtendienstlichen Einrichtungen des Innen- und Justizministeriums zur Bekämpfung der Organisierten Kriminalität insgesamt fünf Geheimdienste. Ihre Arbeit wird vom **Secrétariat Général de la Défense Nationale** (SGDN) kontrolliert und koordiniert. Das SGDN, praktisch ein „Super-Geheimdienst", ist direkt dem Premierminister unterstellt. In den letzten Jahren ist der Einfluß dieser Behörde erheblich gewachsen. Inzwischen macht das SGDN sogar schon dem Auslandsaufklärungsdienst DGSE Konkurrenz.

Zu den französischen Geheimdienste gehören im einzelnen:

- **DST** – Der Nachrichtendienst dient der Spionageabwehr.

- **DRM** – Die Behörde ist für die aktive Militäraufklärung zuständig.

- **RG** – Der Geheimdienst konzentriert seine Arbeit auf die Aktivitäten ausländischer Minderheiten in Frankreich und den politischen Extremismus im Inland.

- **DPSD** – Dieser Dienst ist für die Spionageabwehr in den Streitkräften zuständig.

- **DGSE** – Hinter dieser Abkürzung verbirgt sich der gefürchtete Auslandsaufklärungsdienst der Franzosen, die Direction Général de Sécurité Extérieur. Die DGSE geht nach Einschätzung von Geheimdienstexperten am aggressivsten in der internationalen Wirtschaftsspionage vor. Die DGSE hat einen Jahresetat von rund 300 Millionen Mark, was etwa einem Drittel des BND-Haushaltes entspricht. Die Personalstärke wird auf 3400 Mitarbeiter geschätzt. Die DGSE ist ein wichtiger Partnerdienst des BND und wird dort unter der Deckbezeichnung „Narzisse" geführt. Getrübt wird das Verhältnis beider Dienste jedoch durch die gegen Deutschland gerichteten Aufklärungsaktivitäten der DGSE.

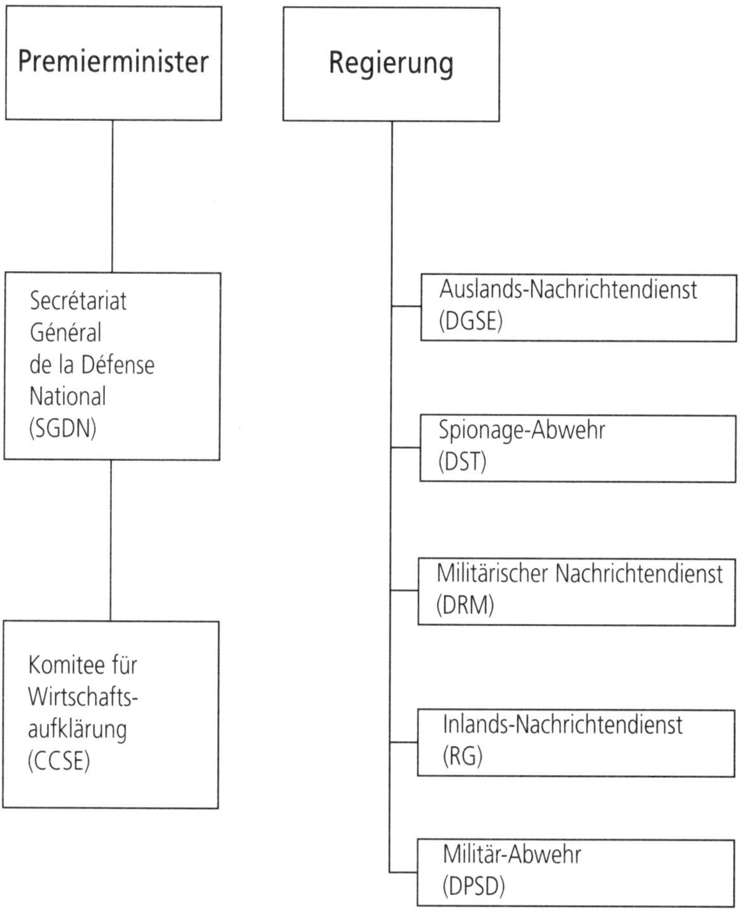

## Die britischen Nachrichtendienste

Die intelligence community des Vereinigten Königsreiches von Großbritannien und Nordirland besteht im wesentlichen aus vier Behörden:
- MI 5, der Security Service (Sicherheitsdienst)
- MI 6, der Secret Service (Geheimdienst)
- GCHQ, Das Government Communication Headquarters, ein funkelektronischer Aufklärungsdienst
- DIS, der Defence Intelligence Staff, ein militärischer Nachrichtendienst

In der internationalen Wirtschaftsspionage werden nur die drei erstgenannten Nachrichtendienste genutzt.

Der MI 5 wurde 1909 gegründet. Er wirkt hauptsächlich als Inlandsgeheimdienst, wobei sein Aktionsradius auch in die britischen Kolonien reichte. Schwerpunkt heute ist die Spionageabwehr und die Bekämpfung des Terrorismus.

Zuständig ist der MI 5, der über 2 235 Mitarbeiter verfügt und einen Jahresetat von 150 Millionen Pfund zur Verfügung hat, auch für die Sicherheit der britischen Regierung, die Überwachung der kommunistischen Partei und der Gewerkschaften.

Die für die Spionageabwehr zuständige „K-Ranch" im MI 5 führt eigene Agenten, die unter anderem auch zur Wirtschaftsspionage in befreundeten und gegnerischen Staaten eingesetzt werden.

Der MI 6 wurde 1911 gegründet und ist als der klassische Auslandsnachrichtendienst der Briten auch für die Wirtschaftsspionage zuständig. In Europa hatte der MI 6 nach dem Zweiten Weltkrieg ein kleines aber sehr effizientes Agentennetz aufgebaut. Nach dem Fall des Eisernen Vorhangs verstärkte der Dienst sein Engagement in Zentral- und Osteuropa und ging insbesondere mit dem tschechischen Geheimdienst eine Allianz ein. Der MI 6, für den 2 300 Angestellte arbeiten und der einen Jahresetat von mehr als 150 Millionen Pfund hat, untersteht formell dem Außenamt. Aus diesem Grund operieren die meisten MI 6-Agenten von britischen Botschaften oder anderen Auslandsvertretungen aus. Darüberhinaus rekrutiert der MI 6 Agenten auch unter britischen Geschäftsleuten.

Das GCHQ hat knapp 10 000 Mitarbeiter und dient offiziell der Absicherung von funkelektronischen Regierungs- und Militärverbindungen. Tatsächlich überwacht die Behörde gemeinsam mit dem US-Partnerdienst National Security Agency (NSA) über ein weltweites Netz von Abhöreinrichtungen den internationalen Telefon- und Faxverkehr und spielt damit eine entscheidende Rolle in der britischen Wirtschaftsspionage.

## Die japanischen Nachrichtendienste

Das nachrichtendienstliche System Japans besteht aus:

- CIRO, dem Regierungsbüro zur Gewinnung nachrichtendienstlicher Informationen
- IARPB, dem Information Analysis, Research and Planning Bureau, einer Auswertungsabteilung
- MITI, dem Ministerium für Internationalen Handel und Industrie
- JETRO, der dem MITI angeschlossenen Außenhandelsorganisation
- KOAN CHOSA-CHO, dem Amt für öffentliche Sicherheit
- mehreren Militär-Nachrichtendiensten
- CHOBETSU, der fernmeldeelektronischen Aufklärung

Japan verfügt seit dem Ende des Zweiten Weltkrieges über keinen eigenständigen Auslands-Nachrichtendienst. Die Gewinnung relevanter Informationen aus dem Ausland ist vielmehr zwischen Regierungseinrichtungen und dem privaten Wirtschaftssektor aufgeteilt. Sie wirken eng über das Wirtschaftsministerium MITI (Ministry of International Trade and Industry) zusammen.

Das MITI selbst unterhält mit dem 1958 gegründeten JETRO (Japan External Trade Organization) einen großen Informationsapparat, der mit eigenen Büros in 57 Staaten offiziell die Weltwirtschaft und den internationalen Handel analysieren und einschätzen soll. Tatsächlich aber betreibt sie Wirtschaftsspionage, obwohl das überwiegend durch die Auswertung offener Quellen erfolgt.

Neben MITI und JETRO agieren militärische Geheimdienste und nachrichtendienstlich wirkende Analysebüros in Regierungseinrichtungen. Unterstützt wird die Auslandsaufklärung zudem durch japanische Großkonzerne, die von ihren Auslandsfilialen aus wirtschaftliche, politische und militärische Informationen beschaffen.

Eine wichtige Rolle bei der Wirtschaftsspionage kommt in Japan der fernmeldeelektronischen Aufklärung durch die CHOBETSU zu. Über eine Vielzahl von Horchposten überwachen die offiziell 1 200 Angestellten die Staten der früheren Sowjetunion, China, Korea sowie die angrenzenden Seegebiete bis weit in den pazifischen Raum hinein. Außerdem kann die Satellitenkommunikation belauscht werden. Seit Mitte der achtziger Jahre wurde die technische Ausstattung der Horchposten erheblich verbessert. Zudem darf aufgrund einer Vereinbarung mit der japanischen Telefongesellschaft die CHOBETSU den drahtgebundenen Fernmeldeverkehr überwachen.

# Wichtige Ansprechpartner

Nachfragen zum Thema Verhinderung von Wirtschaftsspionage können gerichtet werden an:

Arbeitsgemeinschaft für Sicherheit in der Wirtschaft (ASW)
Adenauerallee 148
53113 Bonn
Tel: 0228-10 45 10

Landesämter für Verfassungsschutz
Abteilung „Geheimschutz in der Wirtschaft“

Bundesamt für Sicherheit in der Informationstechnik (BSI)
Godesberger Allee 183
53175 Bonn
Tel.: 0228-9 58 20

Firmen:

KDM Sicherheitsconsulting
August-Schanz-Str. 82
60433 Frankfurt/Main
Tel.: 069-54 50 94

Fink Security Consultant
Geleitstr. 4a
96450 Coburg
Tel.: 09561-3 44 59

Holz und Partner GmbH
Reichertweg 10
63069 Offenbach/Main
Tel.: 069-84 20 98

Kötter Security
Essen
Tel.: 0201-27 88 01

## Lauschangriff auf Deutschland – Die größten Abhörstationen

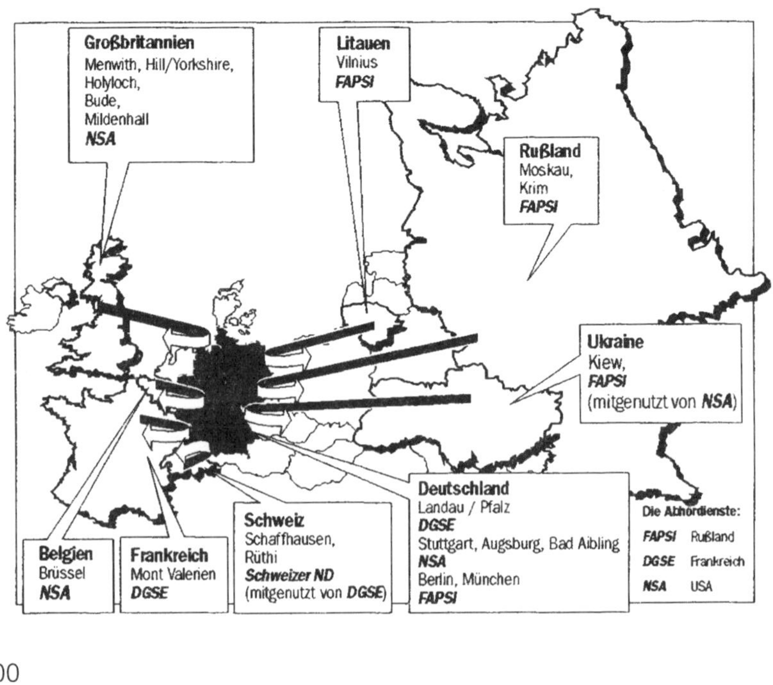

# Register

## Sach- und Ortsregister

AEG 23, 124
Aerojet 82
AFIO 98
AFNOR 105
Air France 84f
Alkem 124
AlliedSignal 82
Arbeitsgemeinschaft für Sicherheit in der Wirtschaft 171
Aprege Défense 148
Association for Business Security (ABS) 52f, 97
AT & T 84
Aviation Security 124

Banque Arjil 105
Barschel-Affäre 59
BASF 152
BAT 53
Bayer AG 114, 124
BND-Objekt „Drehpunkt“ 89
BND-Objekt „Eismeer“ 120
BND-Objekt „Kastagnette“ 111, 118
BND-Objekt „Labyrinthr“ 121
BND-Objekt „Orion“ 90, 118
Boeing 82, 93
Bonyard Mostazafeen 131
BP 92
Bude 90
Bundesamt für Sicherheit in der Informationstechnik (BSI) 175
Bundesforschungsanstalt für Landwirtschaft 124
Bundeskriminalamt 13, 171

Bundesstelle für Fernmeldestatistik 119
Bundesvermögensverwaltung 165
Bundesversicherungsanstalt für Angestellte (BfA) 153
BUSINTEL 93ff, 102, 123

Caterpillar 140
CCSE 104
CCS 147
Cerberus 136
CIA-Objekt „Westport“ 70
Citibank 151
CNPF 105
CoCom 20, 115, 155
Compagnie des Machines Bull 81
Computer Security Institute (CSI) 151
Control Risks Goup Ltd. 169ff
Corning Glass 81
Crypto AG 163ff
Culmhead 90

DECCA-Programm 79
Detektei Korn 123
Deutrans 156
DFCG 105
DGSE 81ff, 102ff
Digital Equipment (DEC) 155
Dornier 153
DPSD 86
Dresdner Bank 53
DRM 104
DST 85, 101ff

Elf Aquitaine 103, 105
Europäische Union (EU) 22, 159, 162
External Security Office 134

FBI 78ff, 151
Flick-Affäre 59
FMV 32
FOA 32
Forschungsreaktor Garching FRM II 107f
Forschungszentrum für radioelektrische Verbreitung 120
Fraunhofer-Institut 124
front companies 95f

GEC Alsthom 24
General Dynamics 82
General Elektric 151

General Motors 23
Gesellschaft für Mathematik und Datenverarbeitung 153
Government Communication Headquarter (GCHQ) 141
Groupe Lagardere 105
GTE 84

Hallcrest Systems Inc. 95
Hartenholm 129
Hauptverwaltung Aufklärung (HVA) 68, 71, 116f, 125, 153
Hitachi 140
Hoechst 152
Hughes Aircroft Corp. 82f

IBM 77, 81, 124, 151
IMES 132
Imhausen Chemie 110
Industrial Security Awareness Council (ISAC) 80
INSLAW-Affäre 158
Institut Pasteur 105
INTELCO 105
Interatom 124
Internationale Atomenergiebehörde IAeO 108f
Inter Chem Trading GmbH 130
Iran Air 130
Iranische Schiffahrtsgesellschaft 130
IRI-Trade-Center 130
ITS 130

JETRO 138f

KDM-Sicherheitsconsulting 14, 16, 125
Keidanren 138
KGB-Gruppe Luch 63
Komatsu 140
Kommerzielle Koordinierung (KoKo) 113, 132
KPMG 166
Kroll Associates Inc. 95
KWU 124

LABCIS 105
Lakam 136
Le Bourget 83
Leybold Heraeus 113
Loral 88
Los Alamos 137, 152
Louis Cypher 175
Lurgi 114

Martin Marietta 82
McDonnell-Douglas 77, 82
Menwith Hill 88, 91
Messerschmitt-Bölkow-Blohm (MBB) 113, 123, 153
MI 6 101
Ministerium für Staatssicherheit/Stasi 55ff, 63ff, 113, 116, 119, 122ff
Mirosowijitsch Company 33
MITI 138f
Mitsubishi 139f
Mobil 77
Mont Valérien 103

NAMACON 51f
NASA 81, 149ff
National Collection Division (NCD) 100
National Counterintelligence Center (NCIC) 18, 78f
National Reconaissance Office (NRO) 81
Nationaler Sicherheits- und Nachrichtendienst (SBU), Ukraine 142
NBC 151
NCR 84
Northrop 82
Nukem 124
NVA 55

Opel 22f
Operation „Aquarium" 85ff
Operation „Exodus" 156
Operation „Jetstream" 101
Operation „Rosenholz" 63
Overseas Security Advisory Council (OSAC) 80

Pankoreanische Allianz für die Wiedervereinigung Koreas 135
Paribas 105
Parlamentarische Kontrollkomission (PKK) 119
Parti de l´Avant-Garde Socialiste (PAGS) 86
Parvus 50
Parvus Group 95ff
Pentagon 81, 152
Perry Corp. 98
Philips 124, 152, 175
Porsche 152
PPSD 86
Pratt & Whitney 82
Pretty Good Privacy (PGP) 160f
Procter & Gamble 170
PROMIS 158f

Quicktulane Grundstücksverwaltung GmbH 131
Quingbaobu 135

Rabta 109
RAF 124
RAPIC 49
Raytheon 91
Recon/Optical 136
Rockwell Intern. 82
RUSHD 130
Russian Association of Commercial Structures 53

Sabena 141
SÄPO 30f
Sebha 110
Securitate 142
SEL 124, 152
SGDN 104
SGR, belg. Militär-ND 141
Shin Caterpillar Mitsubishi 140
Siemens 23f, 71, 92f, 110, 122ff, 144ff, 166, 175
Society of Competitive Intelligence Professionals (SCIP) 95, 98
Sogo Shosha 139
State Departement 91
Sumitomo 139

Taleban-Milizen 12
Telefunken 152
Telemit 134
Texas Instruments 81
Thomson-Alcatel 91
Thomson CSF 152
Thyssen 92, 110
Toyota 140
TRW 82
TV-Magazin „Monitor“ 117f

UKUSA-Vertrag 70, 89
US-Air Force 90, 149ff

VENA 130
Volkswagen 22

Zentrale Ermittlungsstelle für Regierungs- und Vereinigungskriminalität (ZERV) 132

Zentralverband der Elektrotechnik und Elektronikindustrie (ZVEI) 174

# Personenregister

Aksonow, Sergej 43
Alimoradian, Hossein 132
Ames, Aldrich 49
Andropow, Juri 51
Angerer, Jo 96

Bailey, Norman 154f
Balanian, Berge 111
Balladur, Edouard 104
Barsukow, Michail 47
Bequai, August 176
Boeden, Gerhard 64
Braun, Edgar 64ff
Brock, Jack L. 149f
Budanow, Viktor 52f, 97
Bühler, Hans 163ff
Burke, Gerald P. 50f, 95ff, 140
Bush, George 76

Caldwell, Paul 98
Casey, William 100, 159
Clinton, Bill 69, 76, 78, 91

Darski, Jozef 58f
„Datastream-Cowboy“ 150
DeConcini, Dennis 76
Delais, Louis 105
Deutch, John M. 69f
de Maiziere, Lothar 62
Diestel, Peter-Michael 62ff
Dietze, Dieter 124
Djawadi, Mehdi 131
Dole, Bob 69
Donelly, William 99
Drosdow, Juri 51f, 97
Dubinin 39
Dust, Rafigh 131

Esambert, Bernard 105
Freeh, Louis 77, 162
Freiberger, Eugen 166
Friedman, William 164
Frisch, Peter 26, 72

Gandois, Jean 105
Gantzer, Peter Paul 89
Gates, Robert M. 75f
Gau, Tatjana 96f
Geiger, Hansjörg 29, 162
Ghaddafi 111, 134
Gorbatschow, Michail S. 46, 51, 60
Grinewski, Oleg 31
Güllich, Gerhard 119

Hagelin, Boris 164
Hamilton, Bill 158
Hayden, John 93
Helms, Richard M. 96
Hills, Carla 83
Hintze, Frederick 22
Hippenstiel-Imhausen, Jürgen 109
Holtkötter, Wolfgang 34
Humphries, Peyton K. 71f
Hussein, Sadam 108, 114

Jaffre, Philippe 105
Jelzin, Boris 37ff, 44ff, 47ff, 104, 169

Kahn, David 164
Kanther, Manfred 14
Kontor, Mickey 22
Karkowsky, Josef 171f
Kaske, Karl-Heinz 145
Khameini, Ayatollah 131
Kinkel, Klaus 30
Kirpechenko, Wladimir 38
Koboladze, Juri 38
Koch, Willy 61
Kohl Helmut 30, 116, 129
Korshakow, Alexander 47
Krishtanowskaja, Olga 39
Krjutschkow, Wladimir 66
„Kuji“ 150
Kulakow, Alexej 61

Ladygin, Fjodor 36
Lagardere, Jean-Luc 105
Lambsdorff, Ralf Matthias Graf 126, 131
Laser, Larry 96
Lebed, Alexander 45, 47
Levy-Lang, Andre 105
Lissin, Wladimir 65ff
Lobow, Oleg 39, 45f
Loewenthal, Mark 77
Lopez, José Ignacio 22
Lushkow, Juri 39
Lutz, Hermann 125

Mackabee, Norma 164
Madsen, Wayne 160

Marchiani, Jean-Charles 87
Marion, Pierre 84, 102
Martre, Henri 105
Matschke, Klaus-Dieter 14, 125
Meier, Richard 121
Meißner, Peter 33
Mitterand, Francois 104
Modrow, Hans 59
Möller, Günter 64
Montagnier, Luc 105
Müller, Richard 156ff

Neumann, Klaus-Dieter 124
Neusel, Hans 63ff
Niebling, Gerhard 64
Nowikow, Anatoli 65f
Nunn, Sam 150

Ost, Friedhelm 17

Prant, Philippe 101
Paseman, Floyd L. 72
Pasqua, Charles 86
Pauleit, Wolfgang 124
Perry, Sam 98
Perry, William 69
Pichott-Duclos, Jean 105
Pinzennyk, Viktor 142
Plant, Geoffrey 71
Poisel, Richard 149
Polgar, Tom 18
Porzner, Konrad 117, 128
Poulsen, Kevin alias „Dark" 149
Primakow, Jewgeni 37f, 68

Rashinski 55
Reagan, Ronald 155
Ryshkow 43

Salvia, Anthony 49
Sawershinski, Wladimir 67
Schaab, Karl-Heinz 108
Schalck-Golodkowski, Alexander 59, 113, 131
Schäuble, Wolfgang 59, 62, 66
Schebarshin, Leonid 53
Schmidbauer, Bernd 27, 29, 68, 70, 117
Schmidt, Helmut 116, 121
Schmidt-Eenboom, Erich 46, 118
Schneider, Jürgen 126, 131
Schönbohm, Jörg 28
Schwager, Erich 132
Schwanhold, Ernst 11, 17, 25
Schweizer, Peter 84, 115f
Smirnow, Michail A. 30f
Soskowez, Oleg 47
Spang, Fritz 173
Starowojtow 41
Stepashin, Sergej 67
Stiegler, Ludwig 27
Stohlze, Karl-Heinrich 115f
Strauß, Franz-Josef 59

Tschernomyrdin, Viktor 39, 47ff
Tschubais, Anatoli 47ff

Uhlig, Dieter 131

Vermander, Eduard 8, 58
von Braun, Joakim 32
von Horn, Klaus-Dieter 71

Wade, Robert 96
Wassiljew, Sergej 40
Weinberger, Caspar 156
Welishko, Valeri 53
Werthebach, Eckart 30, 62ff, 116
Widmann, Kjell Ove 165
Wiechert, Ehrhard 131
Wieck, Hans-Georg 117
Wiegand, R. alias Dombrowski A.G. 61
Williams, James A. 96
Wittman, Richard George 149
Wolf, Hans-Georg 147
Wolf, Markus 51, 65
Woll, Harald 25f, 167
Woolsey, James R. 49f, 76, 127, 134

Zimmermann, Phil 160f